FREMDSPRACHENTEXTE

Discuter en français

Französisch-deutsche Diskussionswendungen
mit Anwendungsbeispielen

Von Heinz-Otto Hohmann

Philipp Reclam jun. Stuttgart

Französische Beratung:

Anne Fourchon
Le Rheu, Ille-et-Vilaine
Frankreich

Joëlle Gallay-Paulsen
Louannec, Côtes-d'Armor
Frankreich

RECLAMS UNIVERSAL-BIBLIOTHEK Nr. 19716
Alle Rechte vorbehalten
Copyright © 2006 Philipp Reclam jun. GmbH & Co., Stuttgart
Umschlaggraphik: Eva Knoll, Stuttgart
Gesamtherstellung: Reclam, Ditzingen. Printed in Germany 2007
RECLAM, UNIVERSAL-BIBLIOTHEK und RECLAMS
UNIVERSAL-BIBLIOTHEK sind eingetragene Marken
der Philipp Reclam jun. GmbH & Co., Stuttgart
ISBN 978-3-15-019716-5

www.reclam.de

Inhalt

Lernerinformationen 5
Arbeitshinweise 9
Zeichen und Abkürzungen 11

1. Expressions fréquemment utilisées
   dans une discussion 14
   Häufig gebrauchte Wendungen
   in Diskussionsbeiträgen

2. Exprimer une opinion
   ou une réaction personnelle 28
   Meinungsäußerung
   oder persönliche Reaktion

3. Souligner quelque chose 38
   Aussageintensivierung

4. Exprimer une réserve 48
   Absicherung durch Einschränkung

5. Constater des faits 58
   Konstatieren von Sachverhalten

6. Évaluer des faits 76
   Einschätzung von Sachverhalten

7. Contraste/Opposition 88
   Gegensatz/Gegenüberstellung

8. Transition / Expressions utilisées
   pour éviter des pauses 94
   Überleitung/Sprechpausenüberbrückung

9. Conclusion/Récapitulation 98
   Abschluss / Zusammenfassung
   von Gesprächsbeiträgen

10. Expressions diverses fréquemment
    employées dans une discussion, un
    commentaire ou une conversation 104
    Häufig gebrauchte allgemeine Wendungen
    beim Diskutieren und Kommentieren
    sowie im Gespräch – ohne besondere
    Zuordnung

Formulierungen zum organisatorischen Ablauf
von Konferenzen und Sitzungen 127

Register der deutschen Übersetzungen 133

Lernerinformationen

Diskussionswendungen

Die vorliegende Zusammenstellung von Ausdrucksmitteln basiert auf einer langjährigen Beobachtung des mündlichen und schriftlichen Sprachverhaltens in Frankreich. Ihre Analyse führte zu dem Ergebnis, dass Muttersprachler bei der Auseinandersetzung mit Sachverhalten, beim Diskutieren, Argumentieren und Kommentieren, unabhängig vom thematischen Vokabular, spontan auf Wendungen zurückgreifen, die durch eine hohe Gebrauchsfrequenz und leichte Transferierbarkeit gekennzeichnet sind. Die Auswahl der hier unter der Bezeichnung »Diskussionswendungen« zusammengefassten Sprachmittel wurde bewusst auf das Wesentliche begrenzt, um eine nachhaltige Aneignung in kleinen Schritten zu ermöglichen.

Auswirkung auf Sprachkompetenz

Die Arbeit mit dem hier zusammengestellten Sprachmaterial ist in zahlreichen fortgeschrittenen Lerngruppen und von vielen fortgeschrittenen Selbstlernern erprobt worden und hat gezeigt, dass bereits die Einprägung einer begrenzten Anzahl von Diskussionswendungen im Sinnzusammenhang zur spontanen Wiederverwendung führen und dadurch das idiomatische Ausdrucksvermögen, die sprachliche Flexibilität und die Formulierungsgewandtheit schnell und effektiv steigern kann.

Anordnung des Sprachmaterials

Die Diskussionswendungen sind in zehn Abschnitte gegliedert und innerhalb derer alphabetisch angeordnet, wobei *un/une* (als Geschlechtsangabe), *qc* (*quelque chose*) und *qn* (*quelqu'un*) unberücksichtigt blieben. Die Abschnitte 1 und 10 bieten Wendungen mit einem hohen Gebrauchspotenzial, deren Vielfalt eine über die alphabetische Anordnung hinausgehende Zuordnung zu Einzelbereichen nicht sinnvoll erscheinen ließ. Die Abschnitte 2 bis 9 enthalten Ausdrucksmittel zu bestimmten, im Diskussionsbereich ständig auftretenden Rede- bzw. Schreibabsichten, wobei die Grenzen zwischen einzelnen Abschnitten natürlicherweise bisweilen fließend sind.

Anlage der Lerneinheiten

Jede französisch-deutsche Lerneinheit besteht aus einer vorangestellten Diskussionswendung und – sofern diese nicht bereits einen vollständigen Satz darstellt – einem Anwendungsbeispiel in der Form eines Einzelsatzes oder einer kurzen Sinneinheit. Die Satzbeispiele, denen oft Formulierungsvarianten in beiden Sprachen beigegeben sind und die zusammenhängend eingeprägt werden sollen (vgl. Arbeitshinweise), erfüllen drei Funktionen:

a) Sie demonstrieren die richtige Anwendung der jeweiligen Diskussionswendung im Satzzusammenhang.
b) Die Satzbeispiele sind so angelegt, dass sie neben der Diskussionswendung kommunikativ wichtige Wörter, Wortverbindungen und Konstruktionen aus vielen Lebensbereichen in ihrer natürlichen sprachlichen Kombinatorik enthalten, die beim Einprägen der Modellsätze automatisch mitgelernt oder reaktiviert werden und dadurch den Ausbau der Sprachkompetenz optimieren.
c) Da die Assoziation im Sinne einer sprachlichen und sinnbezogenen Verknüpfung von Einzelelementen eine zentrale Rolle bei der Einprägung, der Speicherung, dem Abruf und dem Transfer von Lernstoff spielt, wäre die Aneignung von isolierten Diskussionswendungen nicht erfolgversprechend. Dagegen gibt das lexikalisch-idiomatische Arbeiten mit Satzeinheiten Lernenden die notwendigen sprach- und inhaltsbezogenen Assoziationsmöglichkeiten sowie variable und transferierbare Formulierungsmuster an die Hand, die sie ganz, teilweise oder abgewandelt situationsadäquat einsetzen können: »Die Grundeinheit einer Sprache ist nicht das Wort, sondern der Satz.« (»The unit of language is not the word, but the sentence«, A. S. Hornby, Lexikograph.)

Konferenzterminologie und Register

Der Diskussionswortschatz enthält im Anhang eine Zusammenstellung von »Formulierungen zum organisatorischen Ablauf von Konferenzen und Sitzungen«,

die sich besonders für Teilnehmer(innen) an internationalen oder in französischsprachigen Ländern stattfindenden Kongressen als hilfreich erweisen dürfte.
Der Zugang zu der französischen Diskussionsphraseologie wird durch ein detailliertes Stichwortregister, das alle deutschen Entsprechungen der Diskussionswendungen erfasst, auch vom Deutschen her ermöglicht.

Adressaten

Discuter en français wendet sich
a) an alle fortgeschrittenen Lerner, die ihre Sprachkompetenz und Geläufigkeit in kleinen Dosen zielgerichtet und zügig steigern möchten:
– Lernende in der gymnasialen Oberstufe und leistungsentsprechenden Sprachkursen in anderen Institutionen;
– Studierende der Romanistik an Hochschulen sowie Studierende anderer Fachrichtungen, die in französischsprachigen Ländern studieren möchten;
– französische Studierende in Deutschland, die auf diesem Wege ihre Deutschkenntnisse ausbauen könnten;
b) an alle Personengruppen, die politisch, wirtschaftlich, wissenschaftlich, kulturell oder anderweitig beruflich intensive französischsprachige Kontakte pflegen oder in einem französischsprachigen Land arbeiten (wollen, müssen) und daher ihr Ausdrucksvermögen gezielt weiterentwickeln oder ihre bereits erworbene sprachliche Gewandtheit noch weiter steigern möchten.
Kommentar eines Kursteilnehmers: »Das bringt was.«

Arbeitshinweise

Reihenfolge beim Lernen

Da die einzelnen Lerneinheiten unabhängig voneinander sind, ist die Reihenfolge bei der Einprägung beliebig. Es empfiehlt sich aber, bei den nach bestimmten Redeabsichten angelegten Abschnitten 2 bis 9 zunächst die Diskussionswendungen auszuwählen, die man für sich selbst als besonders hilfreich empfindet. Eine kleine Markierung am Rande der französischen und der deutschen Version erleichtert nach der Aneignung den Überblick bei späteren Wiederholungs- oder Reaktivierungsdurchgängen. In den Abschnitten 1 und 10, die verschiedenartige Wendungen ohne Zuordnung zu Redeabsichten enthalten, kann man ebenso verfahren oder einfach nach der vorgegebenen alphabetischen Abfolge lernen.

Satzzusammenhang und Sprechen beim Einprägen

Die Diskussionswendungen sollten nicht isoliert, sondern immer im Satzzusammenhang durch Einprägen des gesamten Anwendungsbeispiels gelernt werden (vgl. Lernerinformationen, Anlage der Lerneinheiten). Dabei sollte man den Satz nach Möglichkeit so lange halblaut vor sich hin sprechend wiederholen, bis man ihn frei und flüssig im Zusammenhang reproduzieren kann (Förderung des Redeflusses und Erleichterung der Einprägung!). Voraussetzung für das

Lernen ist, dass alle Einzelelemente des französischen Satzes klar verstanden worden sind.

Lerntempo und Festigung

Die mit *Discuter en français* ermöglichte Aneignung von Diskussionswendungen im Satzzusammenhang ist als zeitlich unaufwändiges, begleitendes Lernen über einen längeren Zeitraum hin gedacht. Es ist daher im Hinblick auf den Langzeiteffekt wesentlich günstiger, sich nach und nach jeweils einzelne oder einige Satzbeispiele einzuprägen und durch Wiederholen zu festigen, als zu viel auf einmal bewältigen zu wollen. Das schließt nicht aus, dass man sich bei der Notwendigkeit einer raschen Steigerung des Ausdrucksvermögens auch einmal ein größeres Lernpensum vornehmen kann, das man dann aber lerntechnisch am besten in der Form einer Abfolge von jeweils kurzen Lernphasen mit eingelegten Pausen und systematisch eingeplanten Wiederholungsdurchgängen gestalten sollte.

Zur langfristigen produktiven Verfügbarkeit des Gelernten bedarf es der Festigung durch Wiederholen. Dabei sollte die erste Wiederholung in den ersten Tagen nach dem Lernen erfolgen, da dadurch der Behaltenseffekt erheblich gesteigert wird.

Lernerfolgskontrolle

Die selbständige Überprüfung des Gelernten braucht nicht immer über den deutschen Satz auf der rechten Seite zu erfolgen. Man kann auch (nach gründlichem Lernen!) die Beherrschung des französischen Anwendungsbeispiels in der Weise überprüfen, dass man den Satz, außer den Satzanfang, abdeckt und ihn dann, wenn nötig noch ein wenig mehr davon aufdeckend, aus der Erinnerung zu vervollständigen versucht.

Sofern man jemanden zum Abfragen hat, kann der/die Betreffende in der gleichen Weise entweder von der deutschen Satzversion ausgehen oder den Anfang des französischen Satzes bzw. (oder zusätzlich) einen anderen Teil desselben mündlich vorgeben, mit dessen Hilfe dann der Lerner durch Assoziation meist den vollständigen Satz reproduzieren kann. Dieses assoziative Vorgehen fördert zudem in besonderem Maße die spontane, produktive Verfügbarkeit der gelernten Diskussionswendungen sowie der in den Satzbeispielen mitgelernten anderen Ausdrucksmittel.

Zeichen und Abkürzungen

(...)	Runde Klammern enthalten zusätzliches Sprachmaterial, das an die Stelle des vorausgehenden treten kann.
[...]	Eckige Klammern enthalten Wörter und Wendungen, die auch weggelassen werden können.
/	Der Schrägstrich grenzt zusätzliche Formulierungen voneinander ab.
qc	quelque chose
qn	quelqu'un
fam.	familier
subj.	subjonctif
jd.	jemand
jdm.	jemandem
jdn.	jemanden
jds.	jemandes
wörtl.	wörtlich

Der Verfasser dankt Frau Jenny Stilgebauer für wertvolle Hinweise sowie für die kompetente Durchsicht und computertechnische Erstellung des Manuskripts.

Discuter en français

1. Expressions fréquemment utilisées dans une discussion

À vous (t') écouter (entendre), (...) . . . .
À vous (t') écouter (entendre), on pourrait croire que vous savez (tu sais) tout ce qui se passe dans les coulisses. – Pas tout, mais j'en sais quand même quelque chose.

aborder un problème (une question) . . . .
Après avoir discuté de (sur) la situation politique, les ministres ont abordé des problèmes (questions) économiques.

aller au fond des choses . . . .
Allons au fond des choses: La peine de mort n'a guère l'effet dissuasif qu'on en escomptait.

Allons directement aux faits. . . . .

attirer l'attention de qn sur qc . . . .
À cette occasion, je voudrais attirer votre attention sur le fait que le ministre fédéral de l'Économie a déjà pris des précautions.

1. Häufig gebrauchte Wendungen in Diskussionsbeiträgen

Wenn man Sie (dich) [so] [reden] hört / Wenn man Ihnen (dir) [so] zuhört, ...
Wenn man Sie (dich) [so] [reden] hört, könnte man denken, dass Sie alles wissen (du alles weißt), was hinter den Kulissen vorgeht. – Nicht alles, aber ich weiß immerhin so einiges [davon].

ein Problem (eine Frage) ansprechen / auf ein Problem (eine Frage) eingehen (zu sprechen kommen)
Nachdem die Minister über die politische Lage diskutiert (gesprochen) hatten, gingen sie auf wirtschaftliche Probleme (Fragen) ein.

den Dingen (der Sache) auf den Grund gehen
Gehen wir [doch] einmal den Dingen (der Sache) auf den Grund: Die Todesstrafe hat kaum die abschreckende Wirkung, die man davon erwartet (erhofft) hat.

Konzentrieren wir uns einmal auf die Fakten/Tatsachen (wörtl.: Gehen wir direkt auf die Fakten zu).

jds. Aufmerksamkeit lenken auf etwas
Bei dieser Gelegenheit möchte ich Ihre Aufmerksamkeit auf die Tatsache lenken, dass der Bundeswirtschaftsminister schon (bereits) Vorsichtsmaßnahmen ergriffen hat.

avancer un argument (une hypothèse) . . . .
L'argument qu'il a avancé n'est pas du tout convaincant.

Cela (Ça), je vous (te) le concède. . . . .

C'est (Ce n'est pas) une question d'intérêt général.

Commençons par qc / Commençons par faire qc . . .
Commençons par analyser le résultat du sondage d'opinion.

Considéré(e) sous cet angle, (...) . . . .
Considérées sous cet angle, les deux voitures sont comparables.

D'abord (...) / Tout d'abord (...) . . . .
D'abord / Tout d'abord il faut faire la lumière sur cette curieuse affaire.

Dans le cas qui (Dans un cas comme celui qui) nous occupe, (...) . . . .
Dans le cas qui (Dans un cas comme celui qui) nous occupe, il faut peser soigneusement le pour et le contre.

Häufig gebrauchte Wendungen 17

ein Argument (eine Hypothese) vorbringen
 Das Argument, das er vorgebracht hat, ist keineswegs (überhaupt nicht) überzeugend.

Da gebe ich Ihnen (dir) [allerdings] Recht. / Da muss ich Ihnen (dir) [allerdings] Recht geben (*wörtl.: Das gestehe ich Ihnen/dir zu*).

Das ist eine (Das ist keine) Frage von allgemeinem Interesse.

Fangen wir [einmal] mit etwas an. / Fangen wir [einmal] damit an, etwas zu tun.
 Fangen wir [einmal] damit an, das Ergebnis der Meinungsumfrage zu analysieren.

Unter diesem Aspekt (Aus diesem Blickwinkel betrachtet) ...
 Unter diesem Aspekt (Aus diesem Blickwinkel betrachtet) sind die beiden Wagen (Autos) vergleichbar.

Zuerst (Zunächst / Als erstes) ... / Zuallererst ...
 Zuerst (Zunächst / Als erstes) / Zuallererst müssen wir diese merkwürdige Sache aufklären.

In dem Fall, der (In einem Fall wie dem, der) uns [hier] beschäftigt, ...
 In dem Fall, der (In einem Fall wie dem, der) uns [hier] beschäftigt, muss man das Für und Wider sorgfältig abwägen.

dans le domaine de la politique (de la technique, de l'art, du jazz, etc.) / dans ce domaine . . . .
Qu'est-ce qui se passait (Que se passait-il) dans le domaine de l'art (dans ce domaine) à cette époque?

donner un aperçu [de qc] [à qn] . . . .
Je vais commencer par [vous] donner un aperçu [de la situation économique actuelle au Brésil].

En clair, (...) . . . .
J'estime que ce projet serait extrêmement difficile à réaliser. En clair, je suis contre.

En clair, cela (ça) signifie (veut dire) que . . . .
En clair, cela (ça) signifie (veut dire) que ceux qui agissent de cette manière courent le risque d'être arrêtés.

En matière de médecine (psychologie, carburant, production, etc.) (...)
En matière de traitements médicaux, les choses bougent très vite aujourd'hui.

exposer le problème (les raisons, les faits, etc.) [à qn]
Je n'ai pas le temps maintenant de vous exposer les faits.

im Bereich (auf dem Gebiet) der Politik (der Technik, der Kunst, des Jazz, usw.) / in diesem Bereich (auf diesem Gebiet)

Was spielte sich zu dieser Zeit (damals) im Bereich (auf dem Gebiet) der Kunst (in diesem Bereich / auf diesem Gebiet) ab? / Wie sah es zu dieser Zeit (damals) ... aus?

[jdm.] einen [kurzen] Überblick geben [über etwas]

Ich werde damit beginnen, dass ich [Ihnen] einen [kurzen] Überblick [über die gegenwärtige Wirtschaftslage in Brasilien] gebe.

Im Klartext (Um es ganz deutlich zu sagen): ...

Ich bin der Ansicht (Meinung), dass dieses Projekt äußerst schwer zu realisieren sein würde. Im Klartext: Ich bin dagegen.

Im Klartext bedeutet (heißt) das, dass ...

Im Klartext bedeutet (heißt) das, dass diejenigen, die so handeln (verfahren), Gefahr laufen, festgenommen (verhaftet) zu werden.

Was die Medizin (die Psychologie, den Kraftstoff, die Produktion, usw.) betrifft/angeht/anbelangt, ...

Was medizinische Behandlungsmethoden betrifft (angeht/anbelangt), verändern sich (*wörtl.: bewegen sich*) die Dinge heute (heutzutage) sehr schnell.

[jdm.] das Problem (die Gründe, den Sachverhalt, usw.) darlegen

Ich habe jetzt keine Zeit, Ihnen den Sachverhalt darzulegen.

Il faut fixer des priorités. . . . .

J'allais dire exactement la même chose. . . . .

Je ne sais pas si je me suis bien fait comprendre: ce que je voulais dire, c'est que (…) . . . .
Je ne sais pas si je me suis bien fait comprendre: ce que je voulais dire, c'est qu'à l'avenir nous ne serons plus à même de résoudre ces problèmes tout seuls.

Je tiens [particulièrement] à m'élever (à protester) contre l'affirmation que (…) . . . .
Je tiens [particulièrement] à m'élever (à protester) contre l'affirmation que ces gens ont foulé aux pieds la loi.

Je voudrais (Je tiens à) préciser que (…) . . . .
Je voudrais (Je tiens à) préciser que je n'ai appris la nouvelle que par la presse.

Je voudrais (Je tiens à) souligner [le fait] que (…)
Je voudrais (Je tiens à) souligner [le fait] que cette coutume remonte au Moyen-Âge.

laisser qc de côté . . . .
Laissons ce détail de côté pour le moment.

Man muss Prioritäten setzen.

Ich wollte [gerade] genau das Gleiche (dasselbe) sagen.

Ich weiß nicht, ob ich mich richtig (klar [genug]) ausgedrückt habe: Was ich sagen wollte ist, dass …

Ich weiß nicht, ob ich mich richtig (klar [genug]) ausgedrückt habe: Was ich sagen wollte ist, dass wir künftig (in Zukunft) nicht mehr in der Lage sein werden, diese Probleme ganz allein zu lösen.

Ich möchte mich [besonders] gegen die Behauptung wenden, dass … / Ich möchte [besonders] gegen die Behauptung protestieren (Einspruch erheben), dass …

(*Je tiens à faire qc = Ich lege Wert darauf, etwas zu tun*)

Ich möchte mich [besonders] gegen die Behauptung wenden, dass diese Leute das Gesetz mit Füßen getreten (das Gesetz missachtet) hätten.

Ich möchte klarstellen, dass …

Ich möchte klarstellen, dass ich die Nachricht erst durch die (aus der) Presse erfahren habe.

Ich möchte betonen (hervorheben/unterstreichen), dass …

Ich möchte betonen (hervorheben/unterstreichen), dass dieser Brauch (diese Sitte) auf das Mittelalter zurückgeht.

etwas beiseite lassen

Lassen wir diese Einzelheit im Augenblick [einmal] beiseite.

Passons [maintenant] à qc . . . .
Passons [maintenant] à la deuxième question (au point 3 de l'ordre du jour).

Prenons [par exemple] le cas de qn . . . .
Prenons [par exemple] le cas de cet étudiant en médecine, Daniel Giraud.

présenter un argument / réfuter un argument . . . . .
Elle a présenté un argument qui n'est pas facile à réfuter.

Qu'est-ce que tu veux (vous voulez) dire par là? . . .

une question se pose . . . .
Si l'on interprète à la lettre cet article du code de la route, deux questions se posent (vont se poser): …

Reste à savoir si (qui, quand, où, pourquoi, etc.) (…)
Le gouvernement britannique prétend avoir fait de son mieux. Reste à savoir s'il est sur la bonne voie.

Kommen wir [nun/jetzt] zu etwas / Gehen wir [nun/jetzt] zu etwas über.
   Kommen wir [nun/jetzt] zur zweiten Frage (zu Punkt 3 der Tagesordnung).

Nehmen wir [zum Beispiel / beispielsweise] [einmal] den Fall des (der) ...
   Nehmen wir [zum Beispiel / beispielsweise] [einmal] den Fall dieses Medizinstudenten Daniel Giraud.

ein Argument vorbringen / ein Argument widerlegen
   Sie hat ein Argument vorgebracht, das nicht leicht zu widerlegen ist.

Was willst du (wollen Sie) damit sagen?

eine Frage erhebt sich / stellt sich
   Wenn man diesen Paragraphen der Straßenverkehrsordnung wörtlich (wortwörtlich) interpretiert (auslegt/deutet), erheben sich zwei Fragen: ...

Jetzt fragt sich nur noch / Jetzt bleibt nur noch die Frage offen / Es fragt sich nur, ob (wer, wann, wo, warum, usw.) ...
   Die britische Regierung behauptet (versichert), ihr Bestes (Möglichstes) getan zu haben. Jetzt fragt sich nur noch (Jetzt bleibt nur noch die Frage offen / Es fragt sich nur), ob sie auf dem richtigen Wege ist.

Reste une question: (…) . . . .
Reste une question: Pourquoi les constructeurs – qui ont reconnu l'efficacité de ces dispositifs – ne les installent-ils pas en série?

revenir à (sur) qc . . . .
(1) Je voudrais revenir à (sur) ce que Mme Fourchon a dit [tout à l'heure].
(2) Je voudrais revenir sur un point qui me semble important.
(3) J'y reviendrai.
(4) Pour en revenir à (Pour revenir sur) ce que vous avez dit [à propos de la crise du logement], il y a tout de même deux fois plus de logements aujourd'hui qu'il y a dix ans.

se diviser en qc . . . .
(1) Le roman se divise en quatre parties.
(2) Dans leur attitude à l'égard du travail, les gens se divisent en plusieurs groupes.

sur le plan politique (juridique, scientifique, etc.) / au (du) point de vue politique (juridique, scientifique, etc.) . . . .
Sur le plan (Au/Du point de vue) juridique, il a d'ailleurs tout à fait raison.

Eine Frage bleibt noch offen: ... / Bleibt noch eine Frage: ...

Eine Frage bleibt noch offen / Bleibt noch eine Frage: Warum bauen die Hersteller – die den Nutzeffekt dieser Vorrichtungen erkannt haben – sie nicht serienmäßig ein?

noch einmal zurückkommen auf etwas / noch einmal zu sprechen kommen auf etwas

(1) Ich möchte noch einmal auf das zurückkommen, was Frau Fourchon [eben/vorhin] gesagt hat.
(2) Ich möchte noch einmal auf einen Punkt zurückkommen, der mir wichtig erscheint.
(3) Ich werde noch darauf zurückkommen (darauf zu sprechen kommen).
(4) Um noch einmal auf das zurückzukommen, was Sie [über die Wohnungsnot] gesagt haben, es gibt immerhin heute doppelt so viele Wohnungen wie vor zehn Jahren.

sich gliedern in etwas / sich einteilen lassen in etwas

(1) Der Roman gliedert sich in vier Teile.
(2) Von ihrer Einstellung zur Arbeit her lassen sich die Menschen in mehrere Gruppen einteilen.

in politischer (juristischer, wissenschaftlicher, usw.) Hinsicht / politisch (juristisch, wissenschaftlich, usw.) gesehen

In juristischer Hinsicht (Juristisch gesehen) hat er übrigens völlig Recht.

tirer une conclusion de qc . . . .
Quelle conclusion peut-on tirer de sa conduite (peut-on en tirer)?

traiter qc sommairement . . . .
Je ne pourrai traiter ce problème que sommairement.

Un problème (Le problème suivant) se pose [donc] [à qn]: (...) . . . .
Le problème suivant se pose [donc] [aux dirigeants]: Doivent-ils, oui ou non, autoriser des syndicats libres?

einen Schluss (eine Schlussfolgerung) ziehen aus etwas
Welchen Schluss (Welche Schlussfolgerung) kann man aus seinem (ihrem) Verhalten (Benehmen) ziehen (kann man daraus ziehen)?

etwas summarisch (knapp/gedrängt) behandeln (abhandeln)
Ich werde dieses Problem nur summarisch (knapp/gedrängt) behandeln (abhandeln) können.

Ein Problem / Eine Frage (Folgendes Problem / Folgende Frage) erhebt sich [also] [für jdn.]: ...
Folgendes Problem (Folgende Frage) erhebt sich [also] [für die Machthaber]: Sollen sie freie Gewerkschaften erlauben (gestatten/genehmigen) oder nicht?

2. Exprimer une opinion ou une réaction personnelle

À mon avis (À mon sens / À mon point de vue), (...)
 À mon avis (À mon sens / À mon point de vue), on devrait passer cet incident sous silence.

À vrai dire (À parler franchement / Franchement), (...)
 À vrai dire (À parler franchement / Franchement), je n'en sais pas grand-chose.

une attitude à l'égard de qc / envers qn . . . .
 (1) Je ne connais pas son attitude à l'égard des réformes projetées.
 (2) Quelle est votre attitude envers le chef du parti socialiste?

C'est une affaire d'opinion . . . .

changer d'avis (d'opinion) . . . .
 Chacun a le droit de changer d'avis (d'opinion).

donner (dire) son avis . . . .
 Il n'est interdit à personne de donner (dire) son avis.

2. Meinungsäußerung oder persönliche Reaktion

Nach meiner Ansicht (Meinung/Auffassung) / Meiner Ansicht (Meinung/Auffassung) nach ...
Nach meiner Ansicht (Meinung/Auffassung) sollte man diesen Zwischenfall stillschweigend übergehen.

Offen gesagt (Offen gestanden / Ehrlich gesagt) ...
Offen gesagt (Offen gestanden / Ehrlich gesagt) weiß ich nicht viel darüber (davon).

eine Einstellung zu etwas / zu jdm. (eine Haltung gegenüber etwas/jdm.)
(1) Ich kenne seine (ihre) Einstellung zu den geplanten Reformen nicht.
(2) Wie stehen Sie zum Vorsitzenden der sozialistischen Partei? (*wörtl.: Welche ist Ihre Einstellung zum ...?*)

Das ist Ansichtssache.

seine Meinung ändern
Jeder hat das Recht, seine Meinung zu ändern.

seine Meinung abgeben (äußern/sagen/vorbringen)
Es ist keinem (niemandem) verboten (Jeder hat das Recht), seine Meinung abzugeben (zu äußern / zu sagen / vorzubringen).

être d'avis que . . . .
   Je suis d'avis que nous devrions accueillir ces gens à bras ouverts.

(1) être [entièrement / tout à fait] de l'avis de qn [sur ce point]
(2) être [entièrement / tout à fait] d'accord avec qn [sur ce point]
(3) être du même avis que qn [sur ce point] . . . . .
   (1) Je suis [entièrement / tout à fait] de l'avis de M. Lebreton [sur ce point].
   (2) Je suis [entièrement / tout à fait] d'accord avec M. Lebreton [sur ce point].
   (3) Je suis du même avis que M. Lebreton [sur ce point].

être pour (pour qc) / être contre (contre qc / opposé(e) à qc) . . . .
   Que pensez-vous de la décentralisation en France? – La plupart des Bretons sont pour, mais moi, je suis contre.

Il vaut mieux appeler les choses par leur nom. . . . .

Je dirais plutôt que (...) . . . .
   Il n'a pas le temps de venir demain. – J'en doute fort. Je dirais plutôt qu'il a peur de venir.

der Ansicht (Meinung) sein, dass
  Ich bin der Ansicht (Meinung), dass wir diese Leute mit offenen Armen aufnehmen (empfangen) sollten.

[genau (*wörtl.: ganz/völlig*)**] der gleichen Ansicht (Meinung) sein wie jd. [in diesem Punkt]**
  Ich bin [genau] der gleichen Ansicht (Meinung) wie Herr Lebreton [in diesem Punkt].

dafür (für etwas) sein / dagegen (gegen etwas) sein
  Was halten Sie von der Dezentralisierung in Frankreich? – Die meisten Bretonen sind dafür, aber ich bin dagegen.

Es ist besser, die Dinge (das Kind) beim Namen zu nennen. (= ..., ganz offen zu reden.)

Ich würde eher sagen, dass ...
  Er hat keine Zeit, morgen zu kommen. – Das möchte ich stark bezweifeln. Ich würde eher sagen, dass er Angst hat zu kommen.

**Je suis [entièrement / tout à fait] de ton (votre) avis. /
Je ne suis pas (pas du tout) de ton (votre) avis.** . . . .

Je suis [tout à fait] convaincu(e) que (...) . . . .
Je suis [tout à fait] convaincu(e) que c'est la meilleure solution.

(1) Je trouve que (...) . . . .
**(2) trouver qc bon, bonne (intéressant,e / ennuyeux,se /
injuste, etc.)** . . . .
 (1) [Moi,] je trouve que les femmes sont toujours défavorisées.
 (2) [Moi,] je trouve cette décision injuste.

J'estime que (...) . . . .
J'estime que le slogan «Le crime ne paie pas» devient de plus en plus douteux par les temps qui courent.

[Moi,] personnellement, je pense que (...) . . . . . .
[Moi,] personnellement, je pense que ce bruit est dénué de tout fondement.

Ich bin [ganz/völlig] deiner (Ihrer) Meinung. / Ich bin nicht (keineswegs / durchaus nicht) deiner (Ihrer) Meinung.

Ich bin [fest] davon überzeugt, dass ...
Ich bin [fest] davon überzeugt, dass das die beste Lösung ist.

(1) Ich finde (bin der Ansicht/Meinung), dass ...
(2) etwas gut (interessant/langweilig/ungerecht, usw.) finden
(1) Ich [persönlich] finde (bin der Ansicht/Meinung), dass die Frauen immer (noch) benachteiligt sind.
(2) Ich [persönlich] finde diese Entscheidung ungerecht.

Ich bin der Ansicht (Meinung), dass ... / Ich glaube (meine), dass ...
Ich bin der Ansicht (Meinung), dass das Schlagwort (der Slogan) »Das Verbrechen (Kriminalität) macht sich nicht bezahlt (rentiert sich nicht)« heutzutage (in der heutigen Zeit) immer zweifelhafter (fraglicher) wird.

Ich persönlich glaube, dass ...
Ich persönlich glaube, dass dieses Gerücht jeglicher Grundlage entbehrt.

Mon avis (opinion) est que … / Mon avis (opinion), c'est que (…) . . . .
Mon avis (opinion) est que / Mon avis (opinion), c'est que l'Allemagne devrait dépenser plus d'argent pour la recherche.

ne rien avoir contre qc (qn) / ne rien avoir contre
(1) Je n'ai rien contre ces gens (contre les manifestations).
(2) Je n'ai rien contre.

une opinion préconçue . . . .
Ce que vous venez de dire n'est qu'une opinion préconçue.

une opinion sur qc . . . .
Mon opinion sur ce sujet ne concerne que moi.

partager un avis (une opinion) . . . .
(1) Vous ne semblez pas partager cet avis (cette opinion).
(2) Les avis (opinions) sont partagé(e)s [sur cette question].

Pour ma part, je (…) . . . .
Pour ma part, je ne m'intéresse pas particulièrement à (je ne suis pas particulièrement intéressé(e) par) ce genre de musique.

Meinungsäußerung oder persönliche Reaktion

Ich bin der Ansicht (Meinung), dass ... / Ich vertrete die Ansicht (Meinung), dass ... / Meine Meinung ist [die], dass ...
 Ich bin der Ansicht (Meinung) / Ich vertrete die Ansicht (Meinung) / Meine Meinung ist [die], dass Deutschland mehr Geld für die Forschung ausgeben sollte.

nichts haben gegen etwas (jdn.) / nichts dagegen haben
 (1) Ich habe nichts gegen diese Leute (gegen Demonstrationen/Kundgebungen).
 (2) Ich habe nichts dagegen.

eine vorgefasste Meinung
 Was Sie gerade (soeben) gesagt haben, ist nur (nichts [anderes] als) eine vorgefasste Meinung.

eine Meinung über (zu) etwas
 Meine Meinung dazu (zu dieser Sache) geht nur mich etwas an.

eine Meinung teilen
 (1) Sie scheinen diese Meinung nicht zu teilen.
 (2) Die Meinungen sind geteilt [in dieser Frage].

Ich für meinen Teil ...
 Ich für meinen Teil interessiere mich nicht besonders für diese (bin nicht besonders interessiert an dieser) Art von Musik.

se faire une opinion [sur qc/qn] . . . .
Je me suis déjà fait une opinion [sur la situation / sur lui] quand j'ai parlé avec lui pour la première fois.

se prononcer contre (pour/en faveur de) qc (qn) . . .
Dans le courant de la discussion elle s'est prononcée pour (en faveur de) l'ouverture immédiate de négociations.

Si j'étais à ta (votre) place, je ferais qc . . . .
Si j'étais à ta (votre) place, je ferais semblant de ne pas la connaître.

Tu as (Vous avez) [tout à fait / entièrement] raison (tort) en disant que (…) . . . .
Vous avez [tout à fait / entièrement] raison (tort) en disant que tout va changer.

sich eine Meinung bilden [über etwas/jdn.]
 Ich habe mir schon eine Meinung [über die Lage / über ihn] gebildet, als ich zum ersten Mal mit ihm gesprochen habe.

sich gegen (für) etwas (jdn.) aussprechen
 Im Verlauf der Diskussion hat sie sich für die sofortige Aufnahme von Verhandlungen ausgesprochen.

Wenn ich an deiner (Ihrer) Stelle wäre, würde ich etwas tun.
 Wenn ich an deiner (Ihrer) Stelle wäre, würde ich so tun, als ob ich sie nicht kennte.

Du hast (Sie haben) [völlig] Recht (Unrecht), wenn du sagst (Sie sagen), dass ...
 Sie haben [völlig] Recht (Unrecht), wenn Sie sagen, dass sich alles ändern wird (dass alles anders werden wird).

3. Souligner quelque chose

À noter (Il est à noter) [également] que (…) . . . . .
À noter (Il est à noter) [également] que tous ces départements ne se trouvent pas frappés de la même façon par la marée noire.

À signaler (Il est à signaler) [également] que (…)
À signaler (Il est à signaler) [également] que beaucoup de jeunes manquent d'égards envers les vieilles gens.

aller jusqu'à dire (affirmer, écrire, etc.) que . . . . . .
Un des meilleurs spécialistes français de l'Irak va jusqu'à dire que «la société se décompose de plus en plus».

[Alors,] je n'y comprends plus rien. . . . .

attacher beaucoup d'importance (une grande importance) à qc / attacher plus (autant) d'importance à qc qu'à qc . . . .
(1) Il attache beaucoup d'importance (une grande importance) à cette expérience.
(2) Le Proche-Orient attache plus d'importance à la question palestinienne qu'à la politique intérieure des États-Unis.

3. Aussageintensivierung

Es ist [auch] zu bedenken (zu betonen / darauf hinzuweisen), dass ...
Es ist [auch] zu bedenken (zu betonen / darauf hinzuweisen), dass nicht alle diese Departements in gleicher Weise von der Ölpest betroffen sind.

Es ist [auch] darauf hinzuweisen, dass ...
Es ist [auch] darauf hinzuweisen, dass viele Jugendliche keine Rücksicht auf die alten Leute (Menschen) nehmen (dass es vielen Jugendlichen an Rücksicht gegenüber den alten Leuten (Menschen) mangelt).

[sogar] so weit gehen zu sagen (behaupten, schreiben usw.), dass
Einer der besten französischen Kenner des Irak geht [sogar] so weit zu sagen, dass »die Gesellschaft sich immer mehr (mehr und mehr) auflöst (zersetzt)«.

[Also] ich verstehe überhaupt nichts mehr.

einer Sache große Bedeutung beimessen / einer Sache mehr (ebensoviel) Bedeutung beimessen als (wie) einer [anderen] Sache
(1) Er misst diesem Experiment (Versuch) eine große Bedeutung bei.
(2) Der Nahe Osten misst der Palästinenserfrage mehr Bedeutung bei als der Innenpolitik der Vereinigten Staaten.

Ce qui me frappe (m'a frappé(e)) en particulier (avant tout), c'est [le fait] que (...) . . . .
   Ce qui m'a frappé(e) en particulier (avant tout), c'est [le fait] qu'il a fini par céder.

En plus du problème de ..., il y a celui de (...) . . . .
   En plus du problème du cours du dollar, il y a celui de la récession.

être le seul / la seule à faire qc . . . .
   Elle est la seule à me tenir au courant en m'écrivant de temps en temps.

expressément . . . .
   Je lui ai demandé expressément de venir à l'heure.

Il est intéressant de noter que (...) . . . .
   Il est intéressant de noter que l'ambassadeur a abordé cette question deux fois de suite.

Il faut en convenir: (...) . . . .
   Il faut en convenir: Les espoirs concernant le traitement du cancer ont été en fin de compte déçus.

Was mir besonders (vor allem) auffällt (aufgefallen ist), ist [die Tatsache], dass ...

Was mir besonders (vor allem) aufgefallen ist, ist [die Tatsache], dass er schließlich [doch] nachgegeben hat.

Zu dem Problem des (der) ... kommt (tritt) [noch] das [Problem] der/des ...

Zu dem Problem des Dollarkurses kommt (tritt) [noch] das [Problem] der Rezession.

der/die Einzige sein, der/die etwas tut

Sie ist die Einzige, die mich auf dem Laufenden hält, indem sie mir von Zeit zu Zeit (ab und zu) schreibt.

ausdrücklich

Ich habe ihn (sie) ausdrücklich [darum] gebeten, pünktlich zu kommen.

Es ist interessant festzustellen, dass ...

Es ist interessant festzustellen, dass der Botschafter diese Frage zweimal hintereinander angeschnitten (angesprochen) hat.

Es lässt sich nicht leugnen: ... (*wörtl.: Man muss [es] zugeben: ...*)

Es lässt sich nicht leugnen: Die Hoffnungen hinsichtlich der Behandlung von Krebs sind letztlich (letztendlich) enttäuscht worden.

Il faut le dire très clairement: (…) . . . .
Il faut le dire très clairement: Il n'y a pas de remède miracle, ni contre l'inflation, ni contre le chômage.

Il ne faut pas perdre de vue que (…) . . . .
Il ne faut pas perdre de vue que cela (ça) coûterait deux fois plus cher (deux fois le prix).

Je n'en ai aucune idée. . . . .

Je n'ignore pas que (…) . . . .
Je n'ignore pas que vous êtes par principe opposé(e) au divorce.

Loin de là. . . . .
Tu sembles penser que cette affaire est tombée dans l'oubli. Loin de là.

Mais remarque (remarquez) bien ceci: (…) . . . . .
Mais remarquez bien ceci: La France est deux fois plus grande que l'Allemagne fédérale avant la réunification.

Man muss es einmal ganz klar [und deutlich] sagen / Es muss einmal ganz klar [und deutlich] gesagt werden: ...
   Man muss es einmal ganz klar [und deutlich] sagen: Es gibt weder ein Wundermittel gegen die Inflation noch gegen die Arbeitslosigkeit.

Man darf nicht übersehen (außer Acht lassen), dass ...
   Man darf nicht übersehen (außer Acht lassen), dass das doppelt so teuer wäre (doppelt so viel kosten würde).

Ich habe keine Ahnung. / Ich weiß es [wirklich] nicht.

Ich weiß sehr wohl, dass ...
   Ich weiß sehr wohl, dass Sie aus Prinzip (prinzipiell/grundsätzlich) gegen die (ein Gegner der) Ehescheidung sind.

Weit gefehlt. / Keineswegs. / Ganz und gar nicht.
   Du scheinst zu glauben, dass diese Sache (Angelegenheit) in Vergessenheit geraten ist. Weit gefehlt (Keineswegs / Ganz und gar nicht).

Aber bedenke (bedenken Sie) bitte Folgendes: ...
   Aber bedenken Sie bitte Folgendes: Frankreich ist doppelt so groß wie die Bundesrepublik [Deutschland] vor der Wiedervereinigung.

Souligner quelque chose

mettre l'accent sur qc / souligner qc . . . .
Les Européens ont mis l'accent sur (ont souligné) les inconvénients sérieux qui résultent de la politique économique des Américains.

... ne fait (font) que commencer. . . . .
Les difficultés ne font que commencer.

On a du mal à imaginer ce que (...) . . . .
On a du mal à imaginer ce que cela représente comme travail, comme recherche et comme investissements.

On pourrait multiplier les exemples. . . . .

Point important, (...) . . . .
Point important, il me paraît difficile de tirer des conclusions avec si peu de données.

Pour ne citer qu'un exemple: (...) . . . .

..., pour parler ouvertement, (...) . . . .
J'estime que toute la conduite de cet homme est scandaleuse et, pour parler ouvertement, criminelle.

etwas betonen / etwas hervorheben / mit Nachdruck hinweisen auf etwas
Die Europäer haben mit Nachdruck auf die ernsten Folgen (*wörtl.: Nachteile*) hingewiesen, die sich aus der Wirtschaftspolitik der Amerikaner ergeben.

... fängt (fangen) jetzt erst richtig an.
Die Schwierigkeiten fangen jetzt erst richtig an.

Man kann sich kaum (nur schwer) vorstellen, was ...
Man kann sich kaum (nur schwer) vorstellen, was das an Arbeit, Forschung und Investitionen bedeutet.

Man könnte die Beispiele [noch] beliebig vermehren. / Man könnte noch viele [weitere] Beispiele bringen (anführen).

[Hier] noch ein wichtiger Punkt: ...
[Hier] noch ein wichtiger Punkt: Es scheint (erscheint) mir schwierig, bei so wenig Daten (Angaben) [irgendwelche] Schlüsse (Schlussfolgerungen) zu ziehen.

Um nur ein Beispiel anzuführen (zu nennen): ...

..., um es [ganz] offen zu sagen, ...
Ich der Ansicht (Meinung), dass das ganze Benehmen (Verhalten) dieses Mannes skandalös (empörend) und, um es [ganz] offen zu sagen, kriminell (verbrecherisch) ist.

remuer ciel et terre pour faire qc . . . .
J'ai remué ciel et terre pour obtenir sa permission.

revêtir (prendre) une importance particulière . . . . .
Pour une voiture qualifiée d'économique, la consommation revêt (prend) évidemment une importance particulière.

Rien n'est plus simple [en effet] que de faire qc. . . .
Rien n'est plus simple [en effet] que d'écrire une lettre anonyme.

soutenir [en effet / au contraire] que . . . .
Excusez-moi, mais je n'ai pas dit cela. Je soutiens, au contraire, que l'électeur est un citoyen majeur, qui doit être traité comme tel.

surtout (avant tout) . . . .
Il faut surtout (avant tout) prendre en considération le fait que les prix augmentent sans cesse.

Une chose est certaine (sûre): (...) . . . .
Une chose est certaine (sûre): Le niveau de vie dans ces pays a nettement baissé (a nettement monté).

Aussageintensivierung

Himmel und Hölle (Alle Hebel) in Bewegung setzen, um etwas zu tun
   Ich habe Himmel und Hölle (alle Hebel) in Bewegung gesetzt, um seine (ihre) Erlaubnis zu bekommen (erhalten).

eine besondere Bedeutung gewinnen / von besonderer Bedeutung sein
   Bei einem Wagen, der als wirtschaftlich (sparsam) bezeichnet wird, gewinnt der Verbrauch natürlich eine besondere Bedeutung (ist der Verbrauch natürlich von besonderer Bedeutung).

Nichts ist [in der Tat] einfacher, als etwas zu tun.
   Nichts ist [in der Tat] einfacher, als einen anonymen Brief zu schreiben.

[in der Tat / im Gegenteil] behaupten, dass ...
   Entschuldigen Sie, aber das habe ich nicht gesagt. Ich behaupte im Gegenteil, dass der Wähler ein mündiger Staatsbürger (Bürger) ist, der als solcher behandelt werden muss.

besonders (vor allem)
   Man muss (Wir müssen) besonders (vor allem) berücksichtigen (in Betracht ziehen), dass die Preise ständig steigen.

Eins steht fest: ...
   Eins steht fest: Der Lebensstandard in diesen Ländern ist eindeutig gesunken (ist eindeutig gestiegen).

4. Exprimer une réserve

à ma connaissance . . . .
À ma connaissance, il n'existe aucun projet de ce genre.

Au dire de qn, (...) . . . .
Au dire de certains chercheurs, les cadres supérieurs seraient particulièrement sujets à des crises cardiaques après quarante ans.

Autant que je me souvienne, (...) . . . .
Autant que je me souvienne, il n'a rien contre.

..., [autant] que je sache. . . . .
La voiture coûte 40 000 euros en chiffres ronds, [autant] que je sache.

Cela (Ça) dépend. / C'est selon. . . . .
Vous pensez (Pensez-vous) que cette crise puisse déclencher une guerre civile? – Eh bien, ça dépend (c'est selon). J'espère que non.

Dans l'ensemble, (...) . . . .
Dans l'ensemble, la situation s'est un peu détendue.

4. Absicherung durch Einschränkung

meines Wissens
  Meines Wissens gibt es kein Projekt (keinen Plan) dieser Art.

Nach [der] Aussage jds. / von jdm. (Nach dem Urteil von jdm.)
  Nach [der] Aussage mancher Forscher (von manchen Forschern) sollen leitende Angestellte besonders (in besonderem Maße) zu Herzanfällen neigen, wenn sie über vierzig [Jahre alt] sind.

Soweit ich mich entsinne, ...
  Soweit ich mich entsinne, hat er nichts dagegen.

..., soviel ich weiß. / meines Wissens
  Der Wagen (Das Auto) kostet rund 40000 Euro, soviel ich weiß (... kostet meines Wissens rund 40000 Euro).

Das/Es kommt darauf an. (Je nachdem.)
  Glauben Sie, dass diese Krise einen Bürgerkrieg auslösen kann? – Tja (Nun ja), das/es kommt darauf an (je nachdem). Hoffentlich nicht.

Insgesamt (Im [Großen und] Ganzen / Alles in allem) ...
  Insgesamt (Im [Großen und] Ganzen / Alles in allem) hat sich die Lage ein wenig entspannt.

Dans un certain sens, (...) / En un sens, (...)
Dans un certain sens (En un sens), vous avez raison.

..., d'après ce que j'ai compris (entendu dire).
Qu'est-ce qui s'est passé? – Quelqu'un a brûlé le feu rouge, d'après ce que j'ai compris (entendu dire).

D'après ce qu'on (il/elle) m'a dit, ... / D'après ce qu'on dit, (...)
D'après ce qu'on m'a dit / D'après ce qu'on dit, nous avons affaire à un homme qui est visiblement plein de préjugés.

... en quelque sorte (...)
Elle est en quelque sorte obsédée par l'idée fixe de ne pas être prise au sérieux.

En règle générale (En général / Généralement), (...)
En règle générale (En général / Généralement), les familles des candidats jouent un rôle important dans la campagne électorale aux États-Unis.

être considéré(e) comme
Cette nouvelle revue est considérée comme une publication au-dessus de la moyenne.

Absicherung durch Einschränkung 51

In gewissem Sinne (In gewisser Weise/Hinsicht) ...
In gewissem Sinne (In gewisser Weise/Hinsicht) haben Sie Recht.

..., soweit ich verstanden (gehört) habe.
Was ist [denn] passiert? – Irgend jemand ist bei Rot über die Ampel (Verkehrsampel) gefahren (bei Rot durchgefahren), soweit ich verstanden (gehört) habe.

Nach dem, was man (er/sie) mir gesagt hat (Wie man (er/sie) mir gesagt hat), ... / Wie man [allgemein] sagt, ...
Nach dem, was man mir gesagt hat (Wie man mir gesagt hat) / Wie man [allgemein] sagt, haben wir es mit einem Mann zu tun, der offensichtlich (offenbar) voreingenommen (voller Vorurteile) ist.

... irgendwie (gewissermaßen) ...
Sie wird irgendwie von der Zwangsvorstellung (der fixen Idee) verfolgt, nicht ernst genommen zu werden. (*wörtl.: Sie ist irgendwie besessen von der fixen Idee ...*)

Im Allgemeinen (In der Regel) ...
Im Allgemeinen (In der Regel) spielen die Familien der Kandidaten eine wichtige Rolle beim Wahlkampf in den Vereinigten Staaten.

gelten als / betrachtet werden als
Diese neue Zeitschrift gilt als eine überdurchschnittliche Publikation.

Il est vrai que ..., mais au fond (...) ....
Il est vrai que l'article est tendancieux, mais au fond l'auteur a raison.

Il faut noter [cependant] que (...) ....
Il faut noter [cependant] que toutes ces rumeurs n'ont pas facilité la tâche du nouveau chef de la diplomatie américaine.

Il n'est pas question ici de faire qc ....
Il n'est pas question ici d'ouvrir une polémique. Nous voulons plutôt ceci: ...

J'ai entendu dire que (...) ....
J'ai entendu dire qu'il n'y a pas moyen de venir en aide aux mineurs.

J'ai l'impression que (...) ....
J'ai l'impression que beaucoup de scientifiques sont trop loin des réalités quotidiennes.

Es stimmt zwar, dass ..., aber im Grunde [genommen] ...
Es stimmt zwar, dass der Artikel tendenziös ist, aber im Grunde [genommen] hat der Autor (Verfasser) Recht.

Man muss (Wir müssen) [jedoch] bedenken, dass ... / Es muss [jedoch] festgehalten (festgestellt) werden, dass ...
Man muss [jedoch] bedenken, dass alle diese Gerüchte die Aufgabe (Arbeit) des neuen Chefs der amerikanischen Diplomatie nicht [gerade] erleichtert haben.

Es geht hier nicht darum, etwas zu tun
Es geht hier nicht darum, eine Polemik (eine Kontroverse / einen Streit) anzufangen. Wir wollen vielmehr Folgendes (dies): ...

Ich habe gehört, dass ...
Ich habe gehört, dass es keine Möglichkeit gibt (gäbe), den Bergleuten (Bergarbeitern) zu Hilfe zu kommen.

Ich habe den Eindruck, dass ...
Ich habe den Eindruck, dass viele Wissenschaftler zu wirklichkeitsfremd (unrealistisch) sind. (*wörtl.: ... zu fern von den täglichen Realitäten sind.*)

54 *Exprimer une réserve*

... mis(e, es) à part / à part ...
Quelques privilégiés mis à part (À part quelques privilégiés), la plupart des gens commencent à ressentir la crise économique mondiale, pas seulement les chômeurs.

On ne sait jamais.

Pas que je sache.
[Est-ce qu']elle a vécu au-dessus de ses moyens? – Pas que je sache.

pour ainsi dire
Il est pour ainsi dire un mari modèle.

[Pour] autant que l'on sache, (...)
[Pour] autant que l'on sache, on a pris des mesures pour protéger tous les membres du gouvernement.

selon
Selon les journaux, le premier ministre aurait déjà démissionné hier soir.

..., si j'ai bien compris.
Le maire va nous donner des informations supplémentaires, si j'ai bien compris.

Absicherung durch Einschränkung

abgesehen von (außer / bis auf) ...
Abgesehen von (Außer) einigen Privilegierten spüren die meisten Leute allmählich die Weltwirtschaftskrise, nicht nur die Arbeitslosen (*wörtl.: ... fangen die meisten Leute an, die ... zu spüren*).

Man kann nie wissen.

Nicht dass ich wüsste.
Hat sie über ihre Verhältnisse gelebt? – Nicht dass ich wüsste.

sozusagen
Er ist sozusagen ein Mustergatte.

Soweit bekannt ist, ... (*wörtl.: Soweit man weiß, ...*)
Soweit bekannt ist, hat man Maßnahmen ergriffen, um alle Mitglieder der Regierung zu schützen.

nach ... / ... zufolge
Nach den Zeitungen (Den Zeitungen / Zeitungsberichten zufolge) soll der Premierminister schon (bereits) gestern Abend zurückgetreten sein.

..., wenn ich recht (richtig) verstanden habe.
Der Bürgermeister wird uns weitere (zusätzliche) Informationen geben, wenn ich recht (richtig) verstanden habe.

..., si j'ai bonne mémoire. / ..., si je ne me trompe.
   Elle a fait des recherches en psychologie appliquée, si j'ai bonne mémoire (si je ne me trompe).

..., si on (l'on) en croit les sondages (les journaux, les rumeurs, etc.).
   Une victoire de Fouliard n'est pas du tout invraisemblable, si on (l'on) en croit les sondages.

..., wenn ich mich recht entsinne (erinnere). / ..., wenn ich mich nicht irre.
  Sie hat Forschungen in angewandter Psychologie betrieben, wenn ich mich recht entsinne (erinnere) (wenn ich mich nicht irre).

..., wenn man den Meinungsumfragen (den Zeitungen, den Gerüchten, usw.) glauben (Glauben schenken) darf.
  Ein Sieg Fouliards ist keineswegs unwahrscheinlich, wenn man den Meinungsumfragen glauben (Glauben schenken) darf.

5. Constater des faits

À ce que je vois, (...) ....
À ce que je vois, on ne peut rien te (vous) cacher.

aller de qc à qc ....
L'achat d'une voiture est généralement dicté par un éventail de critères qui vont de points de vue techniques à des points de vue tout personnels.

Au fond, (...) ....
Au fond, la solution de ce problème est très simple.

Au point où en sont les choses, il n'y a rien à faire.

augmenter de ... % (pour cent) / diminuer de ... % (pour cent) ....
Le coût de la vie a augmenté (diminué) de 3 % (trois pour cent).

avoir qc en commun ....
Les deux personnages principaux du drame n'ont que peu de choses en commun.

5. Konstatieren von Sachverhalten

Wie ich sehe, ...
Wie ich sehe, bleibt dir (Ihnen) nichts verborgen (*wörtl.: ..., kann man dir/Ihnen nichts verheimlichen*).

reichen von etwas bis [hin] zu etwas (*bildlich*)
Der Kauf eines Autos wird meist (meistens / im Allgemeinen) von einem [ganzen] Spektrum (von einer Vielzahl) von Kriterien bestimmt, die von technischen bis [hin] zu ganz persönlichen Gesichtspunkten (Aspekten) reichen.

Im Grunde [genommen] ...
Im Grunde [genommen] ist die Lösung dieses Problems sehr einfach.

So wie die Dinge [zur Zeit / im Augenblick] liegen (stehen), ist nichts zu machen.

steigen um ... % (Prozent) / fallen (sinken) um ... % (Prozent)
Die Lebenshaltungskosten sind um 3 % (drei Prozent) gestiegen (gesunken).

etwas gemeinsam haben / sich gleichen in etwas
Die beiden Hauptpersonen (Hauptfiguren) des Dramas haben nur wenig (wenige Dinge) gemeinsam.

Ce qui nous reste à faire maintenant, c'est de (…)
   Ce qui nous reste à faire maintenant, c'est de trouver le mobile du crime.

Cela (Ça) ne sert à rien de faire qc / Rien ne sert de faire qc . . . .
   Cela (Ça) ne sert à rien (Rien ne sert) de menacer les pays exportateurs de pétrole quand ils augmentent leurs prix.

C'est pourquoi (…) / C'est pour cette raison que (…) / Pour cette raison (…) . . . .
   Cette voiture a une très mauvaise tenue de route. C'est pourquoi (C'est pour cette raison que / Pour cette raison) je ne l'ai pas achetée.

C'est réciproque. . . . .

C'est un cas limite. . . . .

C'est une goutte d'eau dans la mer. . . . .

chercher (trouver) une solution [satisfaisante] à un problème . . . .
   Nous n'avons pas encore trouvé de (une) solution [satisfaisante] à ce problème.

confirmer une hypothèse . . . .
   Ce que vous venez de dire confirme mon hypothèse.

**Was uns jetzt noch zu tun bleibt ist, etwas zu tun /
Was wir jetzt noch tun müssen ist, etwas zu tun**
   Was uns jetzt noch zu tun bleibt (Was wir jetzt noch tun müssen) ist, das Motiv für das Verbrechen herauszufinden.

Es nützt nichts, etwas zu tun. / Es hat keinen Zweck, etwas zu tun. / Es ist zwecklos, etwas zu tun.
   Es nützt nichts (Es hat keinen Zweck / Es ist zwecklos), den Erdöl exportierenden Ländern zu drohen, wenn sie ihre Preise erhöhen.

Daher (Deshalb / Aus diesem Grund) ...
   Dieses Auto (Dieser Wagen) hat eine sehr schlechte Straßenlage. Daher (Deshalb / Aus diesem Grund) habe ich es (ihn) nicht gekauft.

Das beruht auf Gegenseitigkeit.

Das ist ein Grenzfall.

Das ist ein Tropfen auf den heißen Stein.

eine [zufriedenstellende] Lösung für ein Problem suchen (finden)
   Wir haben noch keine [zufriedenstellende] Lösung für dieses Problem gefunden.

eine Hypothese (Annahme/Vermutung) bestätigen
   [Das] was Sie soeben (eben) gesagt haben bestätigt meine Hypothese (Annahme/Vermutung).

déclencher une discussion (une crise, une grève, une guerre, etc.) . . . .
La remarque de Richard sur l'égalité des chances en France a déclenché une vive discussion.

donner le feu vert pour qc . . . .
Le gouvernement a donné le feu vert pour la construction de l'autoroute.

être étroitement lié(e)s . . . .
Tous ces problèmes sont étroitement liés.

être le cas
Je les aiderais s'ils en avaient besoin. Mais ce n'est pas du tout le cas.

exercer une [grande/certaine] influence sur qc (qn)
La presse exerce une grande influence sur l'opinion publique.

faire ressortir qc / mettre en évidence qc / mettre en relief qc . . . .
La série de revendications posées fait ressortir (met en évidence / met en relief) toutes les frustrations de la population.

Il en est [exactement] de même pour (…) . . . .
La peinture non-figurative n'intéresse que peu de gens. Il en est [exactement] de même pour la musique du Moyen Âge.

Konstatieren von Sachverhalten

eine Diskussion (eine Krise, einen Streik, einen Krieg, usw.) auslösen
Die Bemerkung von Richard über die Chancengleichheit in Frankreich löste eine lebhafte Diskussion aus.

grünes Licht geben für etwas
Die Regierung hat grünes Licht für den Bau der Autobahn gegeben.

eng miteinander verbunden (verknüpft) sein
All(e) diese Probleme sind eng miteinander verbunden (verknüpft).

der Fall sein
Ich würde ihnen helfen, wenn sie es nötig hätten. Aber das ist überhaupt (gar) nicht der Fall.

einen [großen/gewissen] Einfluss ausüben auf etwas (jdn.)
Die Presse übt einen großen Einfluss auf die öffentliche Meinung aus.

etwas deutlich werden lassen (etwas unterstreichen)
Die Reihe (Serie) von erhobenen Forderungen lässt alle (sämtliche) Enttäuschungen der Bevölkerung deutlich werden.

[Ganz] genauso verhält es sich mit ...
Die abstrakte Malerei interessiert nur wenige [Leute]. [Ganz] genauso verhält es sich mit der Musik des Mittelalters.

Il en va [d'ailleurs] de même pour qc (qn) . . . . . .
Il en va [d'ailleurs] de même pour le charbon dont les réserves aux États-Unis notamment sont énormes.

Il est certain que (...) . . . .
Il est certain qu'elle s'est trompée sur toute la ligne.

Il est évident (clair) que (...) . . . .
Il est évident (clair) que nous devrons prendre tôt ou tard une décision à ce sujet.

Il est hors de doute que ... / Il ne fait aucun (pas de) doute que (...) . . . .
Il est hors de doute (Il ne fait aucun / pas de doute) qu'à l'époque Moreau a travaillé pour les services secrets.

il est (était) question de qc (qn) . . . .
Quoi qu'il en soit, je suis sûr(e) qu'il était question d'argent.

il est (était) question de faire qc . . . .
Dès qu'il est question de trouver des volontaires pour ce travail, la plupart des gens font la sourde oreille.

Das Gleiche gilt [übrigens] für etwas (jdn.) / Genauso ist es [übrigens] bei etwas (jdm.) ...
   Das Gleiche gilt [übrigens] für die Kohle (Genauso ist es [übrigens] bei der Kohle), von der es besonders in den Vereinigten Staaten [noch] riesige Reserven (Vorräte) gibt.

Es steht fest, dass ...
   Es steht fest, dass sie sich auf der ganzen Linie (in allen Punkten) geirrt (getäuscht) hat.

Es ist klar, dass ... / Es liegt auf der Hand, dass ...
   Es ist klar (Es liegt auf der Hand), dass wir früher oder später eine diesbezügliche Entscheidung treffen müssen.

Es steht außer Zweifel, dass (Es besteht kein Zweifel [daran], dass / Es steht fest, dass) ...
   Es steht außer Zweifel (Es besteht kein Zweifel [daran] / Es steht fest), dass Moreau damals (seinerzeit) für den Geheimdienst gearbeitet hat.

es geht (ging) um etwas (jdn.) / die Rede ist (war) von etwas (jdm.)
   Wie dem auch sei, ich bin sicher, dass es um Geld ging (dass die Rede von Geld war).

es geht (ging) darum, etwas zu tun
   Sobald es darum geht, Freiwillige für diese Arbeit zu finden, stellen sich die meisten Leute taub.

Il va de soi que ... / Il va sans dire que (...) . . . .
Il va de soi (Il va sans dire) que les résultats de cette enquête ne peuvent être admis qu'avec réserve.

J'ai été frappé(e) par l'importance que qn accorde à qc . . . .
J'ai été frappé(e) par l'importance que les Français accordent à la nourriture.

J'ai (Il a, Nous avons, etc.) pour objectif essentiel de faire qc . . . .
Nous avons pour objectif essentiel de coordonner des actions ponctuelles.

la cause profonde de qc / les causes profondes de qc
Les causes profondes des émeutes sont le racisme, le chômage, le manque d'argent et le désœuvrement.

L'explication réside [sans doute / sans aucun doute] dans le fait que (...) . . . .
Les accidents mortels ont diminué de 20 % (20 pour cent). L'explication réside [sans doute / sans aucun doute] dans le fait que la plupart des gens conduisent plus prudemment.

L'objectif [de qn/qc] est (était) de faire qc . . . . . .
L'objectif du mouvement est (était) d'améliorer la qualité de la vie.

Es versteht sich von selbst, dass ...
Es versteht sich von selbst, dass man die Ergebnisse dieser Umfrage (Befragung) nur mit Vorbehalt (Zurückhaltung) aufnehmen (zur Kenntnis nehmen) kann.

Mir ist aufgefallen, dass jd. etwas große Bedeutung beimisst (*wörtl.: Ich bin überrascht worden von ...*)
Mir ist aufgefallen, dass die Franzosen dem Essen (der Nahrung) große Bedeutung beimessen.

Mein (Sein, Unser, usw.) Hauptziel ist [es] (besteht darin), etwas zu tun.
Unser Hauptziel ist [es] (besteht darin), Einzelaktionen (punktuelle Aktionen) zu koordinieren.

der tiefere Grund für etwas / die tieferen Gründe für etwas
Die tieferen Gründe für die Unruhen (Krawalle) sind der Rassismus, die Arbeitslosigkeit, der Geldmangel und das Nichtstun (das Herumlungern).

Die Erklärung [dafür] liegt [wahrscheinlich/zweifellos] in der Tatsache [begründet], dass ...
Die tödlichen Unfälle (Die Unfälle mit tödlichem Ausgang) sind um 20 % (20 Prozent) zurückgegangen. Die Erklärung [dafür] liegt [wahrscheinlich/zweifellos] in der Tatsache [begründet], dass die meisten Leute vorsichtiger fahren.

[Das] Ziel [des (der) ...] ist (war) es, etwas zu tun
[Das] Ziel der Bewegung ist (war) es, die Lebensqualität zu verbessern.

[ne pas] être conscient(e) de qc . . . .
La majorité des alpinistes est consciente des problèmes que soulève cette saine activité.

ne pas pouvoir apporter de solution à qc . . . .
Malheureusement, je ne peux pas apporter de solution à ce problème en ce moment.

ne rien avoir à voir avec qc (qn) . . . .
(1) Mon départ n'a rien à voir avec cette dispute.
(2) Cela (Ça) n'a rien à voir avec cela (ça).

On peut en conclure que (…) . . . .
On peut en conclure que le nouveau ministre de l'Intérieur a étudié ce projet à fond.

ouvrir des (ne pas ouvrir de) perspectives nouvelles pour qc . . . .
Il me semble que les négociations n'ont pas ouvert de perspectives nouvelles pour une solution rapide de la crise.

sich einer Sache [nicht] bewusst sein
Die Mehrheit (Mehrzahl) der Bergsteiger ist sich der Probleme bewusst, die diese gesunde Tätigkeit (Betätigung) aufwirft (die mit dieser gesunden Tätigkeit (Betätigung) verbunden sind).

keine Lösung für etwas anzubieten haben
Leider habe ich im Augenblick (im Moment / zur Zeit) keine Lösung für dieses Problem anzubieten.

nichts mit etwas (jdm.) zu tun haben
(1) Meine Abreise hat nichts mit diesem Streit zu tun.
(2) Das hat nichts damit zu tun.

Man kann daraus schließen, dass ...
Man kann daraus schließen, dass der neue Innenminister diesen Plan (dieses Projekt) gründlich studiert (geprüft) hat.

neue (keine neuen) Gesichtspunkte (Aspekte) für etwas bringen (erbringen)
Die Verhandlungen haben anscheinend keine neuen Gesichtspunkte (Aspekte) für eine rasche (baldige) Beendigung (Lösung) der Krise gebracht (erbracht). (*wörtl.: Es scheint mir, dass die Verhandlungen ...*)

(1) participer à qc
(2) prendre part à qc . . . .
(1) Presque tous les ouvriers de l'entreprise ont participé à la manifestation.
(2) Beaucoup d'invités ont pris part à la cérémonie d'inauguration de la nouvelle maison de retraite.

poser un problème . . . .
Beaucoup de jeunes gens ne veulent plus partir en vacances avec leurs parents, ce qui pose pas mal de problèmes.

prendre conscience de qc / prendre conscience du fait que (de ce que) . . . .
(1) Il faut enfin prendre conscience des limites de la science.
(2) Notre société de consommation commence à prendre conscience du fait que (de ce que) les années d'abondance sont définitivement passées.

résoudre un problème . . . .
Ils ont résolu le problème de la façon (manière) suivante: D'abord ils ont ... Ensuite ... Finalement ...

Konstatieren von Sachverhalten

(1) teilnehmen an etwas / sich beteiligen an etwas
(*drückt ein aktives Mitwirken aus*)
(2) teilnehmen an etwas (*drückt ein Dabeisein oder eine innere Teilnahme aus*)
   (1) Fast alle Arbeiter des Betriebs (Werks/Unternehmens) haben an der Demonstration (Kundgebung) teilgenommen.
   (2) Viele [geladene] Gäste haben an der Einweihungsfeier des neuen Altersheims teilgenommen

ein Problem aufwerfen (mit sich bringen)
Viele junge Leute wollen nicht mehr mit ihren Eltern in Urlaub fahren, was eine ganze Menge Probleme aufwirft (mit sich bringt).

sich einer Sache bewusst werden / sich der Tatsache bewusst werden, dass
(1) Man muss sich endlich der Grenzen der Wissenschaft bewusst werden.
(2) Unsere Konsumgesellschaft wird sich allmählich der Tatsache bewusst, dass die Jahre des Überflusses endgültig vorbei (vorüber) sind.

ein Problem lösen
Sie haben das Problem folgendermaßen (auf [die] folgende Weise) gelöst: Zuerst haben sie ... Dann (Danach) ... Schließlich ...

résulter de qc . . . .
(1) La crise économique actuelle résulte notamment du prix élevé du pétrole brut.
(2) Il en résulte que le chauffage électrique d'un appartement gaspille de l'énergie.
(3) Deux (trois, etc.) conclusions en résultent: ...

s'améliorer / se détériorer . . . .
Les conditions de vie de ces peuples ne cessent [pas] de s'améliorer (se détériorer).

s'avérer qc / s'avérer que . . . .
(1) Les économies d'énergie s'avèrent de plus en plus indispensables.
(2) Il s'est avéré que les femmes sont, en général, plus douées pour les langues que les hommes.

se dégager de qc . . . .
Dans l'ensemble, les gens pensent plus à leurs morts qu'à leur propre mort. C'est l'idée qui se dégage d'une enquête réalisée du 5 au 19 juin.

sich ergeben aus etwas / folgen (resultieren/hervorgehen) aus etwas

(1) Die gegenwärtige Wirtschaftskrise resultiert besonders (vor allem / in erster Linie) aus dem hohen Rohölpreis.
(2) Daraus folgt (geht hervor), dass die elektrische Beheizung einer Wohnung Energieverschwendung ist (*wörtl.: Energie verschwendet/vergeudet*).
(3) Zwei (Drei, usw.) Schlussfolgerungen ergeben sich daraus: ...

sich verbessern (besser werden) / sich verschlechtern (schlechter werden)

Die Lebensbedingungen dieser Völker werden ständig besser (schlechter) (*wörtl.: hören nicht auf, besser (schlechter) zu werden*).

sich erweisen als etwas / sich erweisen (herausstellen/zeigen), dass ...

(1) [Die] Energieeinsparungen erweisen sich in steigendem Maße als unerlässlich (erweisen sich als immer unerlässlicher).
(2) Es hat sich erwiesen (herausgestellt/gezeigt), dass [die] Frauen im Allgemeinen sprachbegabter sind als [die] Männer.

hervorgehen aus etwas / sich herauskristallisieren aus etwas

Alles in allem denken die Leute mehr an ihre Toten als an ihren eigenen Tod. Das ist das Bild (der Eindruck), das (der) aus einer Umfrage hervorgeht (das (der) sich aus einer Umfrage herauskristallisiert), die vom 5. bis [zum] 19. Juni durchgeführt wurde.

se rendre compte de qc . . . .
   Il faut se rendre compte de l'importance économique et sociale du tourisme dans cette région.

Toujours est-il que (…) . . . .
   Je ne sais pas si on peut compter sur lui. Toujours est-il qu'il fait de son mieux.

une personne sur trois (quatre, cinq, etc.) . . . .
   Dans les zones rurales de ce pays, un habitant sur trois vit sous le seuil de pauvreté.

sich etwas klarmachen
Man muss sich [einmal] die wirtschaftliche und gesellschaftliche Bedeutung des Tourismus in diesem Gebiet (dieser Gegend) klarmachen.

Jedenfalls steht fest, dass ...
Ich weiß nicht, ob man sich auf ihn verlassen kann (ob er zuverlässig ist). Jedenfalls steht fest, dass er sein Bestes (Möglichstes) tut.

jeder dritte (vierte, fünfte, usw.) Mensch
In den ländlichen Gebieten dieses Landes lebt jeder dritte Bewohner unterhalb der Armutsgrenze.

6. Évaluer des faits

À en juger par qc, (...)
À en juger par les journaux, les mesures du gouvernement ne visent qu'à amener les ouvriers à mettre fin à leur grève.

à juste titre
Vous avez, à juste titre, signalé que les délais de livraison sont décidément trop longs.

À première vue, (...)
À première vue, le marché pour ce produit semble très prometteur. Mais les apparences sont trompeuses.

À quoi bon faire qc?
À quoi bon se casser (se creuser) la tête pour trouver le mobile de ce revirement d'opinion?

À y bien réfléchir (En y réfléchissant bien), il faut dire que (...)
À y bien réfléchir, il faut dire que la proposition de M. Manseau n'est pas sotte du tout.

6. Einschätzung von Sachverhalten

Nach etwas zu urteilen, ...
   Nach den Zeitungen (Den Zeitungen nach) zu urteilen, zielen die Maßnahmen der Regierung nur (lediglich) darauf ab, die Arbeiter zur Beendigung des Streiks zu veranlassen (*wörtl.: die Arbeiter dazu zu bringen, ihren Streik zu beenden*).

mit (zu) Recht
   Sie haben mit (zu) Recht darauf hingewiesen, dass die Lieferfristen (Lieferzeiten) entschieden zu lang sind.

Auf den ersten Blick ...
   Auf den ersten Blick scheint der Markt für dieses Produkt (Erzeugnis) sehr vielversprechend [zu sein]. Aber der Schein trügt.

Wozu etwas tun? / Was nützt das (es) [schon], etwas zu tun?
   Wozu sich den Kopf zerbrechen, um das Motiv (den Anlass) für diesen Meinungsumschwung herauszufinden?

Wenn man [einmal] richtig darüber nachdenkt, muss man sagen, dass ...
   Wenn man [einmal] richtig darüber nachdenkt, muss man sagen, dass der Vorschlag von Herrn Manseau gar nicht [so] dumm ist.

À [y] regarder de plus près, on peut constater que (...)
À [y] regarder de plus près, on peut constater qu'aujourd'hui la vie des élèves est plus difficile en fin de compte que par le passé.

avoir tendance à faire qc . . . .
On a aujourd'hui tendance à surestimer la médecine.

Ce n'est certes pas la voie la plus facile, mais (...)
Ce n'est certes pas la voie la plus facile, mais c'est assurément la seule qui puisse conduire au succès.

Ce que je constate personnellement c'est que (...)
Ce que je constate personnellement c'est que le public paraît très intéressé par cette expérience.

Cela (Ça) revient à dire que (...) . . . .
Cela (Ça) revient à dire que notre entreprise est vouée à l'échec. – Pas forcément.

Wenn man [einmal] genauer (näher) hinsieht, kann man (wird man) feststellen (konstatieren), dass ...

Wenn man [einmal] genauer (näher) hinsieht, kann man (wird man) feststellen (konstatieren), dass das Leben der Schüler heute letztlich (letzten Endes / im Endeffekt) schwerer ist als früher.

dazu neigen, etwas zu tun

Man neigt heute (heutzutage) dazu, die Medizin zu überschätzen.

Das ist gewiss (freilich/zwar) nicht der einfachste Weg, aber ...

Das ist gewiss (freilich/zwar) nicht der einfachste Weg, aber [das ist] sicher (bestimmt) der einzige, der zum Erfolg führen kann.

Was ich persönlich feststelle (feststellen kann) ist [die Tatsache], dass ...

Was ich persönlich feststelle (feststellen kann) ist [die Tatsache], dass die Öffentlichkeit an diesem Versuch (Experiment) sehr interessiert scheint.

Das bedeutet praktisch (letztlich / letzten Endes), dass ... / Das läuft praktisch (letztlich / letzten Endes) darauf hinaus, dass ...

Das bedeutet praktisch (letztlich / letzten Endes), dass unser Vorhaben zum Scheitern verurteilt ist. – Nicht unbedingt.

Évaluer des faits

Cela (Ça) tient [probablement/seulement] à qc (qn). / Cela (Ça) ne tient pas [ne tient probablement pas / ne tient pas seulement] à qc (qn). . . . .

Comment vont les affaires? – Pas trop bien, en ce moment. Cela (Ça) tient [probablement] à la situation économique.

C'est bon (mauvais) signe. . . . .

C'est l'essentiel (le principal). . . . .

être en partie vrai (juste/exact) . . . .

Ce que vous venez de dire est en partie vrai (juste/exact), mais pas tout à fait.

Il est à prévoir que (…) . . . .

Il est à prévoir que la situation au Liban restera tendue.

Il est recommandé de [ne pas] faire qc. . . . .

Il est recommandé de suivre les conseils de la police.

jouer un rôle essentiel (important) dans qc . . . . . .

Le [téléphone] portable joue un rôle essentiel (important) dans la vie des adolescents.

Einschätzung von Sachverhalten 81

Das liegt [wahrscheinlich/nur] an etwas (jdm.). / Das liegt nicht [liegt wahrscheinlich nicht / liegt nicht nur] an etwas (jdm.).
Wie geht das Geschäft (gehen die Geschäfte)? – Im Augenblick (Zur Zeit) nicht besonders (allzu) gut. Das liegt [wahrscheinlich] an der Wirtschaftslage (wirtschaftlichen Lage).

Das ist ein gutes (schlechtes) Zeichen.

Das ist die Hauptsache.

teilweise (zum Teil) wahr (richtig) sein
[Das], was Sie [da] sagen (*wörtl.: gerade gesagt haben*), ist teilweise (zum Teil) wahr (richtig), aber nicht ganz.

Es ist [schon jetzt] vorauszusehen (vorherzusehen), dass ...
Es ist [schon jetzt] vorauszusehen (vorherzusehen), dass die Lage im Libanon [weiterhin] gespannt bleiben wird.

Es ist ratsam (Es empfiehlt sich), etwas [nicht] zu tun.
Es ist ratsam (Es empfiehlt sich), den Hinweisen (Ratschlägen) der Polizei zu folgen / die Hinweise (Ratschläge) der Polizei zu befolgen.

eine wichtige Rolle spielen in (bei) etwas
Das Handy spielt eine wichtige Rolle im Leben der Jugendlichen (Teenager).

La leçon à tirer de cela (à en tirer): (…)
   La leçon à tirer de cela (à en tirer): Les époux doivent être prêts à changer certaines de leurs habitudes.

La solution la plus simple: (…)
   Que faire dans une telle situation? La solution la plus simple: s'adresser à la police.

Là, tu as (vous avez) raison. / Là, tu as (vous avez) tort.

laisser [beaucoup] à désirer
   Sa culture générale laisse [beaucoup] à désirer.

Le but principal [de qc] doit (devrait) consister à faire qc
   Le but principal [de cette diplomatie] doit (devrait) consister à tranquilliser et à stabiliser le marché mondial de l'énergie.

L'essentiel est que (…) (+ *subj.*)
   L'essentiel est que tu aies confiance en lui.

ne pas donner l'impression de faire (d'être) qc
   (1) Elle ne donne pas l'impression de s'y connaître en comptabilité.
   (2) Il ne donne pas l'impression d'être un moniteur très expérimenté.

Einschätzung von Sachverhalten

Die Lehre, die man daraus ziehen sollte [ist die]: ...
Die Lehre, die man daraus ziehen sollte [ist die]: [Die] Eheleute müssen dazu bereit sein, gewisse (bestimmte/manche) Gewohnheiten zu ändern.

Die einfachste Lösung [ist die]: ...
Was tun in einer solchen Situation (Lage)? Die einfachste Lösung [ist die]: sich an die Polizei wenden.

Da hast du (haben Sie) Recht. / Da hast du (haben Sie) Unrecht.

[sehr] zu wünschen übrig lassen
Seine (Ihre) Allgemeinbildung lässt [sehr] zu wünschen übrig.

Das Hauptziel [einer Sache] muss (sollte) darin bestehen, etwas zu tun.
Das Hauptziel [dieser Diplomatie] muss (sollte) darin bestehen, den Weltenergiemarkt zu beruhigen und zu stabilisieren.

Die Hauptsache ist, dass ...
Die Hauptsache ist, dass du Vertrauen zu ihm hast (ihm vertraust).

nicht [gerade] den Eindruck machen, als ob jd. etwas tut (ist).
(1) Sie macht nicht [gerade] den Eindruck, als ob sie sich mit Buchführung (Buchhaltung) auskennt.
(2) Er macht nicht [gerade] den Eindruck, als ob er ein sehr erfahrener Fahrlehrer (Fluglehrer) ist.

[ne pas] être le seul (la seule) à penser que ....
Il n'est pas le seul à penser que la lutte contre l'inflation est perdue d'avance.

On peut dire d'une façon générale que (...) ....
On peut dire d'une façon générale que les problèmes sociaux vont s'aggraver dans les prochaines années.

porter un jugement sur qc (qn) ....
Je ne peux pas encore porter un jugement sur lui après si peu de temps.

prendre qc (qn) au sérieux / prendre qc à la légère
Il existe actuellement un chômage élevé qu'il faut prendre au sérieux (qu'il ne faut pas prendre à la légère).

remettre qc en question (cause) ....
Beaucoup de valeurs de la génération de nos grands-parents sont remises en question (cause) aujourd'hui.

savoir qc par expérience ....
Je sais par expérience combien il est difficile d'être objectif.

Einschätzung von Sachverhalten

[nicht] der Einzige (die Einzige) sein, der (die) glaubt, dass
Er ist nicht der Einzige, der glaubt, dass der Kampf gegen die Inflation aussichtslos (*wörtl.: im Voraus / von vornherein verloren*) ist.

Man kann ganz allgemein sagen, dass ...
Man kann ganz allgemein sagen, dass die sozialen Probleme in den nächsten Jahren zunehmen (*wörtl.: sich verschlimmern*) werden.

ein Urteil abgeben über etwas (jdn.)
Ich kann nach so kurzer Zeit noch kein Urteil über ihn abgeben.

etwas (jdn.) ernst nehmen / etwas leicht (auf die leichte Schulter) nehmen
Es gibt (Wir haben) zur Zeit (gegenwärtig) eine hohe Arbeitslosigkeit, die man ernst nehmen muss (die man nicht leicht (auf die leichte Schulter) nehmen darf).

etwas in Frage stellen
Viele Werte (Wertvorstellungen) der Generation unserer Großeltern werden heute (heutzutage) in Frage gestellt.

etwas aus Erfahrung wissen
Ich weiß aus Erfahrung, wie schwer (schwierig) es ist, objektiv (sachlich) zu sein.

se former un jugement [définitif] sur qc (qn) . . . . .
Les météorologues ne se sont pas encore formé de jugement définitif sur la multiplication des périodes de sécheresse au Sahel.

Si la tendance actuelle se poursuit, (...) . . . .
Si la tendance actuelle se poursuit, nous aurons une crise économique dans quelques années.

sous-estimer qc (qn) / surestimer qc (qn) . . . .
(1) Ne sous-estimez pas cet homme. Il est extrêmement intelligent.
(2) Vour surestimez ce genre de travail énormément. C'est simple comme bonjour.

Tout laisse supposer que ... / Tout porte à croire que (...) . . . .
Tout laisse supposer que (Tout porte à croire que) dans deux ans la croissance économique sera arrivée au point zéro.

sich ein [endgültiges] Urteil bilden über etwas (jdn.)
Die Meteorologen haben sich noch kein endgültiges Urteil über die Häufung von (Zunahme der) Dürreperioden in der Sahelzone gebildet.

Wenn die gegenwärtige Tendenz anhält, ...
Wenn die gegenwärtige Tendenz anhält, werden wir in einigen Jahren eine Wirtschaftskrise haben.

etwas (jdn.) unterschätzen / etwas (jdn.) überschätzen
(1) Unterschätzen Sie diesen Mann nicht. Er ist äußerst intelligent.
(2) Sie überschätzen diese Art von Arbeit gewaltig. Die ist kinderleicht.

Alles lässt darauf schließen, dass ...
Alles lässt darauf schließen, dass das Wirtschaftswachstum in zwei Jahren am Nullpunkt angekommen (angelangt) sein wird.

7. Contraste/Opposition

[Bien] au contraire. . . . .
(Est-ce que) je vous (te) dérange? – [Bien] au contraire. Vous arrivez (Tu arrives) à point.

Contrairement à qc (qn), (...) / À l'inverse de qc (qn), (...) . . . .
Contrairement au Président français (À l'inverse du Président français), le Président américain suit à la lettre les instructions de ses gardes du corps.

Contrairement à ce que tu penses (à ce qu'il pense, etc.) / à ce que tu dis (à ce qu'il dit, etc.) (...) . . . . .
Contrairement à ce que vous pensez, la plupart des gens ne refont pas les mêmes erreurs quand ils se remarient.

d'une part, ..., d'autre part, ... / d'un côté, ..., de l'autre, (...) . . . .
D'une part (D'un côté), son entreprise est au bord de la faillite, d'autre part (de l'autre), il (elle) brûle la chandelle par les deux bouts.

en théorie ... en pratique . . . .
Ce que vous dites là est bien beau en théorie, mais en pratique les choses sont souvent différentes.

7. Gegensatz/Gegenüberstellung

[Ganz] im Gegenteil.
   Störe ich Sie (dich)? – [Ganz] im Gegenteil. Sie kommen (Du kommst) gerade recht.

Im Gegensatz zu etwas (jdm.) ...
   Im Gegensatz zum französischen Präsidenten befolgt der amerikanische Präsident genau die Anweisungen seiner Leibwächter.

Im Gegensatz zu dem, was du denkst (was er denkt, usw.) / was du sagst (was er sagt, usw.), ...
   Im Gegensatz zu dem, was Sie denken, machen die meisten Leute in einer zweiten Ehe nicht wieder die gleichen Fehler.

einerseits ..., andererseits ...
   Einerseits ist sein (ihr) Betrieb (Unternehmen) am Rande des Bankrotts (Konkurses), andererseits gibt er (sie) das Geld mit vollen Händen aus (*wörtl.: ... verbrennt er (sie) die Kerze an beiden Enden*).

theoretisch (in der Theorie) ... praktisch (in der Praxis)
   Was Sie da sagen hört sich theoretisch [ja] ganz (sehr) hübsch an, aber in der Praxis sehen die Dinge oft anders aus.

... et vice versa. / ... et inversement. ....

Nous aidons nos amis en cas de besoin et vice versa (et inversement).

être à l'opposé [total] de qc ....

Cette remarque est à l'opposé [total] de ce qu'il a dit dans son dernier discours.

être incompatible avec qc ....

Une telle mesure serait incompatible avec les principes de notre association.

Il faut faire la distinction entre ... et (...) ....

Il faut faire la distinction entre les immigrés qui vivent dans le pays depuis longtemps et ceux qui viennent d'arriver.

Le paradoxe de la situation est que (...) ....

Le paradoxe de la situation est qu'elle le suit au Canada bien qu'il (quoiqu'il) l'ait rendue malheureuse.

Les apparences sont trompeuses. ....

... und umgekehrt.

Wir helfen unseren Freunden im Notfall und umgekehrt.

im [völligen] Gegensatz (Widerspruch) stehen zu etwas

Diese Bemerkung (Äußerung) steht im [völligen] Gegensatz (Widerspruch) zu dem, was er in seiner letzten Rede gesagt hat.

unvereinbar sein mit etwas

Eine solche Maßnahme wäre unvereinbar mit den Prinzipien (Grundsätzen) unserer Vereinigung (unseres Vereins).

Man muss (Wir müssen) unterscheiden zwischen ... und ...

Man muss (Wir müssen) unterscheiden zwischen [den] Einwanderern, die schon lange (seit langem) im Land leben, und denen, (solchen), die gerade (soeben) [erst] angekommen sind.

Das Paradoxe (Widersinnige) an der Situation ist, dass ...

Das Paradoxe (Widersinnige) an der Situation ist, dass sie ihm nach Kanada folgt, obgleich (obwohl) er sie unglücklich gemacht hat.

Der Schein trügt.

par contre (en revanche) . . . .
Heureusement, les inondations n'ont fait ni morts ni blessés. Par contre (En revanche), les dégâts matériels sont importants.

supporter [aisément] la comparaison avec qc . . . . .
Les modèles que nous fabriquons supportent [aisément] la comparaison avec ceux des autres pays producteurs.

dagegen (hingegen/dafür)
   Glücklicherweise haben die Überschwemmungen weder Tote noch Verletzte gefordert. Dagegen (Hingegen/Dafür) sind die Sachschäden beträchtlich.

den Vergleich mit etwas [wirklich] nicht zu scheuen brauchen (*wörtl.: den Vergleich mit etwas [leicht] aushalten*)
   Die Modelle, die wir herstellen, brauchen den Vergleich mit denen der anderen Herstellerländer [wirklich] nicht zu scheuen.

8. Transition / Expressions utilisées pour éviter des pauses

À proprement parler, (...)
À proprement parler, les entreprises françaises ne sont pas tellement concernées par ce problème.

Comme je [te/vous] l'ai [déjà] dit, (...)
Comme je [te/vous] l'ai [déjà] dit, il n'a pas pu prévoir l'étendue de cette mesure.

Comme on pouvait s'y attendre, (...)
Comme on pouvait s'y attendre, il a dit que cette question n'était pas d'actualité en ce moment.

Comme tu le dis, ... / Comme vous le dites, (...)
Comme tu le dis (Comme vous le dites), pour le tiers monde, l'augmentation continuelle du prix du pétrole risque d'avoir des conséquences catastrophiques.

– comment dirais-je? – / – comment dire? –
Cet homme est – comment dirais-je? – (– comment dire? –) un peu étrange.

– disons –
La situation est semblable, c'est vrai, mais – disons – le problème se pose différemment.

8. Überleitung/Sprechpausenüberbrückung

eigentlich (genau genommen / streng genommen)
Die französischen Unternehmen (Betriebe) sind eigentlich nicht so sehr von diesem Problem betroffen.

Wie gesagt, … / Wie ich [dir/Ihnen] schon gesagt habe, …
Wie gesagt (Wie ich [dir/Ihnen] schon gesagt habe), er hat die Tragweite (die Auswirkungen) dieser Maßnahme nicht vorhersehen können.

Wie zu erwarten war, …
Wie zu erwarten war, sagte er (hat er gesagt), dass diese Frage gegenwärtig (zur Zeit) nicht aktuell sei.

Wie du sagst, … / Wie Sie sagen, …
Wie du sagst (Wie Sie sagen), für die dritte Welt droht das ständige Steigen (Ansteigen) des Erdölpreises katastrophale Folgen zu haben.

– wie soll ich sagen? –
Dieser Mann ist – wie soll ich sagen? – ein wenig seltsam.

– sagen wir mal – (*als Einschub*)
Die Situation ist zwar ähnlich, aber – sagen wir mal – das Problem liegt (*wörtl.: stellt sich*) anders.

Disons que (...) . . . .
Que pensez-vous de la peinture moderne française?
– Disons que cela (ça) ne me dit pas grand-chose.

En tout cas, (...) / De toute façon, (...) . . . .
Ou elle est tombée malade, ou elle a manqué le train, ou bien elle a tout simplement oublié le rendez-vous. En tout cas (De toute façon), une (l'une) de ces trois suppositions doit être la bonne.

J'ai perdu le fil. . . . .

Quoi qu'il en soit, (...) / De toute façon, (...) . . . . .
Quoi qu'il en soit (De toute façon), il doit y avoir du vrai là-dedans.

..., si j'ose dire, (...) . . . .
Il a obtenu la place (le poste) parce que, si j'ose dire, il a des relations.

– soit dit en passant – . . . .
Les investissements privés – soit dit en passant – se montent (s'élèvent) à plus de trois millards par an selon nos estimations.

[Also] sagen wir mal, ... (*als Satzeinleitung*)

Was halten Sie von der modernen französischen Malerei? – [Also] sagen wir mal, die sagt mir nicht viel.

Jedenfalls (Auf jeden Fall) ...

Entweder ist sie krank geworden, oder sie hat den Zug verpasst, oder aber sie hat ganz einfach die Verabredung vergessen. Jedenfalls (Auf jeden Fall) muss eine dieser drei Vermutungen die richtige sein.

Ich habe den Faden verloren. (*beim Sprechen, Überlegen, usw.*)

Wie dem auch sei, ... / Jedenfalls ...

Wie dem auch sei, es muss etwas Wahres daran sein. / Jedenfalls muss etwas Wahres daran sein.

..., wenn ich [einmal/mal] so sagen darf, ...

Er hat die Stelle bekommen, weil er, wenn ich [einmal/mal] so sagen darf, Beziehungen hat.

– nebenbei bemerkt (gesagt) –

Die privaten (privatwirtschaftlichen) Investitionen belaufen sich – nebenbei bemerkt (gesagt) – nach unseren Schätzungen auf mehr als drei Milliarden im Jahr (pro Jahr / jährlich).

9. Conclusion/Récapitulation

autrement dit (en d'autres mots / en d'autres termes)
Elle ne voit plus la vie en rose. Autrement dit (En d'autres mots/termes), la guerre lui a ouvert les yeux.

Bon, récapitulons: (...) . . . .

bref / en un mot . . . .
Cet homme a logé des réfugiés chez lui; il a donné de l'argent aux nécessiteux; il a sacrifié son temps à ceux qui avaient besoin d'aide; bref (en un mot), il a toujours agi en vrai chrétien.

Considéré(e) dans son ensemble, (...) . . . .
Considéré dans son ensemble, le projet est prometteur. Mais il ne sera pas facile à réaliser.

En conclusion, je voudrais dire (constater) ceci: (...) .
En conclusion, je voudrais dire (constater) ceci: Nous avons assez de lois, mais c'est l'application de ces lois qui laisse [beaucoup] à désirer.

9. Abschluss / Zusammenfassung von Gesprächsbeiträgen

anders gesagt / anders ausgedrückt (mit anderen Worten)
   Sie sieht das Leben nicht mehr in rosigen Farben. Anders gesagt/ausgedrückt (Mit anderen Worten), der Krieg hat ihr die Augen geöffnet.

Also fassen wir [noch einmal] kurz zusammen: ...

kurzum (kurz und gut) / mit einem Wort
   Dieser Mann hat Flüchtlinge (Vertriebene) bei sich [zu Hause] aufgenommen; er hat den Bedürftigen (Notleidenden) Geld gegeben; er hat seine Zeit denen geopfert, die Hilfe brauchten; kurzum (mit einem Wort), er hat immer als wahrer (echter) Christ gehandelt.

Als Ganzes gesehen ...
   Als Ganzes gesehen ist der Plan (das Projekt) vielversprechend. Aber er (es) wird nicht leicht zu realisieren (verwirklichen) sein.

Abschließend (Zum Abschluss) möchte ich Folgendes sagen (feststellen): ...
   Abschließend (Zum Abschluss) möchte ich Folgendes sagen (feststellen): Wir haben genug Gesetze, aber die Anwendung dieser Gesetze lässt [sehr] zu wünschen übrig.

En résumé, on peut dire que (...) ....
   En résumé, on peut dire qu'il s'agit ici d'une publication très intéressante.

En somme, (...) / Somme toute, (...) ....
   En somme (Somme toute), cette société du 20ᵉ siècle finissant s'avère une société de la solitude.

esquisser qc [brièvement] ....
   Voici/Voilà brièvement esquissé le contenu du film.

Il faut conclure: ....

Il faut en finir avec qc ....
   Il faut en finir avec la course aux armements.

Pour conclure: (...) ....

Rappelons brièvement (...) ....
   Rappelons brièvement les caractéristiques principales du nouveau produit.

Zusammenfassend kann man sagen, dass ...
Zusammenfassend kann man sagen, dass es sich hier um eine sehr interessante Publikation (Veröffentlichung) handelt.

Alles in allem (Im Ganzen gesehen / Summa summarum) ...
Alles in allem (Im Ganzen gesehen / Summa summarum) erweist sich diese Gesellschaft des ausgehenden 20. Jahrhunderts als eine Gesellschaft der Einsamkeit (Vereinsamung).

etwas [kurz] umreißen / etwas skizzieren
Das (Folgendes) ist (Das wäre) kurz umrissen (in großen Zügen) der Inhalt des Films. (*»Voici« würde man vor der Zusammenfassung, »Voilà« nach der Zusammenfassung sagen.*)

Ich muss (Wir müssen) schließen (zum Schluss kommen): ... (*z. B. bei einer Rede, Diskussion, Sitzung*)

Man muss (Wir müssen) [endlich / endlich einmal] Schluss machen mit etwas
Man muss (Wir müssen) [endlich / endlich einmal] Schluss machen mit dem Wettrüsten.

Um zum Schluss zu kommen: ...

Vergegenwärtigen wir uns [noch einmal] kurz ...
Vergegenwärtigen wir uns [noch einmal] kurz die Hauptmerkmale des neuen Produkts.

se résumer en une [seule] formule (en un [seul] mot / en une [seule] phrase) . . . .
   Le contenu de ce discours se résume en une [seule] phrase: «Une hirondelle ne fait pas le printemps.»

Si on (l'on) récapitule brièvement, on voit que (…)
   Si on (l'on) récapitule brièvement, on voit que le nouveau modèle de Renault se trouve largement au niveau [technique] de ses concurrents.

sich mit einer [einzigen] Formel (einem [einzigen] Wort / einem [einzigen] Satz) zusammenfassen lassen
 Der Inhalt dieser Rede lässt sich mit einem [einzigen] Satz zusammenfassen: »Eine Schwalbe macht noch keinen Sommer.«

Wenn man [noch einmal] kurz zusammenfasst, stellt man fest (sieht man), dass ...
 Wenn man [noch einmal] kurz zusammenfasst, stellt man fest (sieht man), dass das neue Modell von Renault voll und ganz auf dem [technischen] Niveau seiner Konkurrenten steht.

10. Expressions diverses fréquemment employées dans une discussion, un commentaire ou une conversation

... à ce sujet . . . .
(1) J'ai lu avec beaucoup d'intérêt votre article sur les enseignants et la correspondance de vos lecteurs à ce sujet.
(2) Les journalistes ont posé des questions au P.-D. G. (président-directeur général) à ce sujet.

à condition que (+ *subj.*) / pourvu que (+ *subj.*) . . .
Je suis prêt(e) à aider votre beau-frère à condition que (pourvu que) vous me rendiez un service en retour.

à l'égard de qc (qn) / à cet égard . . . .
(1) La politique des pouvoirs publiques à l'égard des ports français n'est pas de nature à favoriser la compétitivité de ces derniers.
(2) Il vous remboursera la somme sans aucun doute. À cet égard on peut compter sur lui.

10. Häufig gebrauchte allgemeine Wendungen beim Diskutieren und Kommentieren sowie im Gespräch – ohne besondere Zuordnung

diesbezüglich / darüber (hierüber)
(1) Ich habe mit großem Interesse Ihren Artikel über die Lehrer und die diesbezüglichen Leserbriefe gelesen.
(2) Die Journalisten haben dem Generaldirektor Fragen darüber (hierüber) gestellt.

unter der Bedingung, dass / vorausgesetzt, dass / sofern
Ich bin bereit, Ihrem Schwager zu helfen, unter der Bedingung, dass (vorausgesetzt, dass / sofern) Sie mir Ihrerseits einen Gefallen tun (einen Dienst erweisen).

hinsichtlich (bezüglich) des (der) / in dieser Hinsicht (Beziehung)
(1) Die Politik der Behörden hinsichtlich der französischen Häfen ist nicht geeignet, ihre Wettbewerbsfähigkeit (*wörtl.: die Wettbewerbsfähigkeit der Letzteren*) zu begünstigen (fördern).
(2) Er wird Ihnen den Betrag (die Summe) zweifellos (ganz bestimmt) zurückerstatten (zurückzahlen). In dieser Hinsicht kann man sich auf ihn verlassen.

106 *Expressions diverses fréquemment employées*

À l'heure actuelle, (...)
À l'heure actuelle, il y a plus de chômeurs en France qu'en Grande-Bretagne.

à part cela (ça) / en dehors de cela (ça)
– Je suis débordé(e) de travail en ce moment. Si ça continue comme ça, ...
– Et à part cela (ça) / Et en dehors de cela (ça), comment vas-tu?
– Pas mal.

aboutir à qc
Ces mesures aboutiront (vont aboutir) à coup sûr à une augmentation du nombre de chômeurs.

avoir affaire à qc (qn)
Nous avons affaire à des départements peu peuplés.

avoir un effet positif (négatif) sur qc (qn)
J'espère que la manifestation contre la centrale nucléaire prévue aura un effet positif sur les responsables.

Cela (Ça) ne te (vous) regarde pas.

Cela (Ça) revient au même.

Cela (Ça) va sans dire.

Gegenwärtig ... (Zur Zeit ...)
Gegenwärtig (Zur Zeit) gibt es mehr Arbeitslose in Frankreich als in Großbritannien.

abgesehen davon / sonst
– Ich bin zur Zeit arbeitsmäßig (mit Arbeit) überlastet. Wenn das so weitergeht, ...
– Und wie geht es dir sonst (abgesehen davon)?
– Nicht schlecht. (Ganz gut.)

führen zu etwas
Diese Maßnahmen werden mit Sicherheit zu einer Erhöhung der Arbeitslosenzahl führen.

es mit etwas (jdm.) zu tun haben
Wir haben es [hier] mit dünn besiedelten Departements zu tun.

eine positive (negative) Wirkung haben (ausüben) auf etwas (jdn.)
Ich hoffe, dass die Demonstration (Kundgebung) gegen das geplante Kernkraftwerk eine positive Wirkung auf die Verantwortlichen haben (ausüben) wird.

Das geht dich (Sie) nichts an.

Das kommt (läuft) auf dasselbe (das Gleiche) hinaus.

Das versteht sich von selbst.

..., c'est-à-dire que ...
Il faudrait davantage tenir compte de la situation actuelle, c'est-à-dire qu'il faudrait progressivement réserver aux moyens de transport les carburants liquides.

C'est autre chose. / C'est une autre paire de manches. (*fam.*)

C'est mon affaire.

Cette idée ne m'est jamais venue à l'esprit.

compliquer les choses
On dirait que vous aimez compliquer les choses.

concerner qn (qc)
Cette affaire ne me concerne pas.

Dans ces conditions, (...)
Alain et Michel sont recherchés par la police. – Dans ces conditions, je ne suis pas prêt(e) à les aider.

..., das heißt, [dass] ...
Man müsste der gegenwärtigen Lage (Situation) [noch] mehr Rechnung tragen, das heißt, man müsste die flüssigen Brennstoffe schrittweise (allmählich / nach und nach) den Verkehrsmitteln (Transportmitteln) vorbehalten. / ..., das heißt, dass man die flüssigen ... vorbehalten müsste.

Das ist etwas [ganz] anderes. (*2. Version wörtl.: Das ist ein anderes Paar Ärmel.*)

Das ist meine Angelegenheit (Privatangelegenheit).

Auf die Idee bin ich noch nie gekommen. / Daran habe ich noch nie gedacht. (*wörtl.: Diese Idee ist mir noch nie in den Sinn gekommen.*)

die Dinge [unnötig] komplizieren (kompliziert machen)
Man könnte fast sagen (*wörtl.: würde sagen*), dass Sie die Dinge gern [unnötig] komplizieren (kompliziert machen).

jdn. [etwas] angehen / jdn. betreffen
Diese Sache (Angelegenheit) geht mich nichts an (betrifft mich nicht).

Unter diesen Umständen (Bedingungen) ...
Alain und Michel werden von der Polizei gesucht. – Unter diesen Umständen bin ich nicht bereit, ihnen zu helfen.

dans (en) ce cas (cas-là) . . . .
La police semble croire qu'il s'agit d'un empoisonnement. Dans (En) ce cas (cas-là), il y a toutes sortes de possibilités.

Dans le cas présent, (...) . . . .
Dans le cas présent, je crois que vous faites erreur.

De cette façon (manière), (...) . . . .
Comme Robert doit se perfectionner en français, il travaille dans un restaurant à Nice pendant les vacances. De cette façon (manière), il joint l'utile à l'agréable.

De toute évidence, (...) . . . .
De toute évidence, elle ne s'intéresse pas à la musique moderne.

dépendre de qc . . . .
La sécurité et l'indépendance de l'Europe dépendent avant tout de l'avenir de l'Union européenne (UE).

devenir une fin en soi . . . .
Le service de renseignements ne doit pas devenir une fin en soi.

in dem (diesem) Fall
Die Polizei scheint zu glauben, dass es sich um einen Giftmord handelt. In dem (diesem) Fall gibt es die verschiedensten Möglichkeiten.

Im vorliegenden Fall ...
Im vorliegenden Fall irren (täuschen) Sie sich, glaube ich (*wörtl.: ... glaube ich, dass Sie Irrtum machen = im Irrtum sind*).

Auf diese Weise ...
Da Robert seine Französischkenntnisse erweitern (vertiefen) muss, arbeitet er in den Ferien in einem Restaurant in Nizza. Auf diese Weise kann er das Angenehme mit dem Nützlichen verbinden (*wörtl.: ... verbindet er das Nützliche mit dem Angenehmen*).

Ganz offensichtlich ...
Ganz offensichtlich interessiert sie sich nicht für moderne Musik.

abhängen von etwas
Die Sicherheit und die Unabhängigkeit Europas hängen vor allem (in erster Linie) von der Zukunft der Europäischen Union (EU) ab.

zum Selbstzweck werden
Der Nachrichtendienst darf nicht zum Selbstzweck werden.

donner à penser (réfléchir) . . . .
C'est un phénomène qui donne à penser (réfléchir).

(1) du point de vue des patrons (travailleurs, Anglais, etc.)
(2) de ce point de vue . . . .
(1) Du point de vue des patrons, les revendications des syndicats ne sont pas acceptables.
(2) De ce point de vue, elle a tout à fait raison.

En agissant ainsi, je (tu, il, on, etc.) (…) . . . .
En agissant ainsi, elle s'est rendue suspecte.

En ce qui concerne (Quant à) (…) . . . .
En ce qui concerne (Quant à) la situation au Proche-Orient, il n'y a rien de nouveau en ce moment.

En considération de qc / Vu qc . . . .
En considération de cette situation difficile (Vu cette situation difficile), le problème ne sera pas facile à résoudre.

zu denken geben / nachdenklich stimmen
Das ist eine Erscheinung, die (ein Phänomen, das) zu denken gibt (nachdenklich stimmt).

(1) vom Standpunkt der Arbeitgeber (Arbeitnehmer, Engländer, usw.) [aus] / aus der Sicht der Arbeitgeber (Arbeitnehmer, Engländer, usw.) / von den Arbeitgebern (Arbeitnehmern, Engländern, usw.) her gesehen
(2) von diesem Standpunkt aus / aus dieser Sicht / von daher gesehen
(1) Vom Standpunkt (Aus der Sicht) der Arbeitgeber sind die Forderungen der Gewerkschaften nicht akzeptabel (annehmbar).
(2) Von diesem Standpunkt aus (Aus dieser Sicht / Von daher gesehen) hat sie völlig Recht.

Durch diese Handlungsweise ... / Durch dieses Verhalten ... (*wörtl.: Dadurch, dass ich so hand(e)le/handelte (du so ... usw.)*)
Durch diese Handlungsweise (Durch dieses Verhalten) hat sie sich verdächtig gemacht.

Was ... betrifft (angeht/anbelangt), ...
Was die Lage (Situation) im Nahen Osten betrifft (angeht/anbelangt), gibt es im Augenblick nichts Neues.

Angesichts (In Anbetracht) einer Sache
Angesichts (In Anbetracht) dieser schwierigen Lage (Situation) wird das Problem nicht leicht zu lösen sein.

en partie . . . .
Les difficultés sont déjà en partie surmontées.

entendre par qc . . . .
(1) Qu'est-ce qu'on entend par «nihilisme» (par là)?
(2) Qu'est-ce que vous entendez par cette remarque (par là)?

entrer dans les détails . . . .
Résumez brièvement l'essentiel. Il n'est pas nécessaire d'entrer dans les détails.

... et ainsi de suite. . . . .
Les habitants de ces bidonvilles manquent de tout: vivres, vêtements, soins médicaux et ainsi de suite.

être conforme à qc . . . .
Cette façon (manière) de procéder n'est pas conforme aux règles du jeu.

être dû (due, dus, dues) à qc . . . .
Ces résultats sont probablement dus aux mesures suivantes: ...

teilweise (zum Teil)
Die Schwierigkeiten sind teilweise (zum Teil) schon überwunden.

verstehen unter etwas / meinen (sagen wollen) mit etwas
(1) Was versteht man unter »Nihilismus« (darunter)?
(2) Was meinen Sie mit dieser Bemerkung (damit)?

ins Einzelne (Detail) gehen (in die Einzelheiten gehen / auf Einzelheiten eingehen)
Fassen Sie kurz das Wesentliche zusammen. Es ist nicht nötig (notwendig), ins Einzelne (Detail) zu gehen.

... und so weiter. (... und so fort.)
Den Bewohnern dieser Elendsviertel fehlt es an allem: an Lebensmitteln, Kleidung, ärztlicher Betreuung und so weiter (und so fort).

einer Sache entsprechen
Diese Verfahrensweise (Art des Vorgehens) entspricht nicht den Spielregeln. (*Spielregeln: hier bildlich*)

zurückzuführen sein auf etwas (*wörtl.: geschuldet/verdankt sein, von »devoir«*)
Diese Ergebnisse sind wahrscheinlich auf folgende Maßnahmen zurückzuführen: ...

être du côté de qn . . . .
(1) Je suis [entièrement] du côté des écologistes dans leur lutte contre la pollution.
(2) Je suis [entièrement] de votre côté.

être en jeu . . . .
Et avant tout, pensez à ceci: L'avenir de notre association est en jeu.

être [immédiatement] touché(e) par qc . . . .
Parlons d'abord des étudiants [qui sont] immédiatement touchés par ces mesures.

être typique de qc (qn) . . . .
Il ne s'est même pas excusé. – Cela (Ça) ne m'étonne pas. C'est typique de lui.

Face aux problèmes économiques (politiques, sociaux, etc.) actuels, (...) . . . .
Face aux problèmes économiques actuels, Opel vient de licencier 10 % (10 pour cent) de son personnel.

faire exception / ne pas faire exception . . . .
Les industriels européens redoutent la concurrence des Japonais. Même les constructeurs allemands ne font pas exception.

auf der Seite (aufseiten) jds. stehen / halten zu jdm.
(1) Ich stehe [ganz/völlig] aufseiten der Umweltschützer bei ihrem Kampf gegen die Umweltverschmutzung.
(2) Ich stehe [ganz/völlig] auf Ihrer Seite.

auf dem Spiel stehen
Und denken Sie vor allem an dies (Folgendes): Die Zukunft unseres Vereins (unserer Vereinigung) steht auf dem Spiel.

[unmittelbar] betroffen sein von etwas
Sprechen wir zunächst [einmal] von den Studenten, die von diesen Maßnahmen unmittelbar betroffen sind.

typisch für etwas (jdn.) sein
Er hat sich nicht einmal entschuldigt. – Das wundert (überrascht) mich nicht. Das ist typisch für ihn.

Angesichts (In Anbetracht) der gegenwärtigen wirtschaftlichen (politischen, sozialen, usw.) Probleme ...
Angesichts (In Anbetracht) der gegenwärtigen wirtschaftlichen Probleme hat Opel gerade (soeben) 10 % (10 Prozent) seiner Belegschaft entlassen.

eine Ausnahme bilden / keine Ausnahme bilden
Die europäischen Industriellen fürchten die Konkurrenz der Japaner. Selbst (Sogar) die deutschen Hersteller bilden [da] keine Ausnahme.

Il n'en reste pas moins que (...) . . . .
Il n'en reste pas moins que le nombre des touristes et vacanciers est inférieur de 20 à 30 % (20 à 30 pour cent) à ce qu'il était l'année dernière.

Il s'agit de qc (qn) / Il s'agit de faire qc . . . .
(1) De quoi s'agit-il? – Il s'agit d'un problème un peu délicat.
(2) Il s'agit uniquement de demander un renseignement.

Je vais te (vous) dire une chose: (...) . . . .
Je vais te (vous) dire une chose: Ce séjour aux États-Unis te (vous) permettra de mieux comprendre la vie politique américaine.

J'en sais quelque chose. . . . .

La seule question est de savoir si (qui, quand, où, pourquoi, etc.) (...) . . . .
Sur le plan économique, le tourisme est d'une importance capitale pour le pays. La seule question est de savoir si les touristes continueront à venir.

L'exception confirme la règle.

Dessen ungeachtet (Dennoch/Trotzdem) ...
Dessen ungeachtet (Dennoch/Trotzdem) liegt die Zahl der Touristen und Urlauber (Feriengäste) um 20 bis 30 % (20 bis 30 Prozent) unter der des Vorjahres (des letzten/vorigen Jahres).

**Es handelt sich um (Es geht um) etwas (jdn.). /
Es geht darum, etwas zu tun.**
(1) Worum handelt es sich? (Worum geht es?) – Es handelt sich um (Es geht um) ein etwas heikles Problem.
(2) Es geht einzig und allein darum, eine Auskunft zu erbitten (um eine Auskunft zu bitten).

Ich will dir (Ihnen) mal was (einmal etwas) sagen: ...
Ich will dir (Ihnen) mal was (einmal etwas) sagen: Dieser Aufenthalt in den Vereinigten Staaten wird es dir (Ihnen) ermöglichen, das politische Leben in Amerika besser zu verstehen.

Ich kann ein Lied (Liedchen) davon singen.
(= Ich habe schon viele [unangenehme] Erfahrungen damit gemacht.) (*wörtl.: Ich weiß etwas davon.*)

Es fragt sich nur, ob (wer, wann, wo, warum, usw.) ...
In wirtschaftlicher Hinsicht (Wirtschaftlich gesehen) ist der Tourismus (Fremdenverkehr) von größter (entscheidender) Bedeutung für das Land. Es fragt sich nur, ob die Touristen weiter (weiterhin) kommen werden.

Die Ausnahme bestätigt die Regel.

l'idée directrice de qc / l'idée de base de qc . . . . . .
L'idée directrice (L'idée de base) de la Croix-Rouge est l'amour du prochain.

mettre qc en pratique . . . .
Ces idées sont tout à fait convaincantes en théorie, mais assez difficiles à mettre en pratique.

ne rien avoir à objecter à qc . . . .
Je n'ai rien à objecter à ce projet.

Où veux-tu (voulez-vous) en venir? . . . .

par conséquent . . . .
Elle est sortie à trois heures et demie, comme d'habitude. Par conséquent elle devait encore être chez elle vers trois heures.

par rapport à qc . . . .
La consommation de tabac dans le monde a augmenté (diminué) de 3,5 % (trois virgule cinq pour cent) par rapport à l'année précédente.

der Leitgedanke des (der) ... / der Grundgedanke des (der) ...
Der Leitgedanke (Der Grundgedanke) des Roten Kreuzes ist die Nächstenliebe.

etwas in die Tat (Praxis) umsetzen / etwas realisieren
Diese Ideen sind theoretisch durchaus überzeugend, aber ziemlich schwierig zu realisieren (in die Tat/Praxis umzusetzen).

nichts einzuwenden haben gegen etwas
Ich habe nichts gegen diesen Plan (dieses Projekt) einzuwenden.

Worauf willst du (wollen Sie) hinaus? (= Was willst du / wollen Sie damit sagen?)

folglich (infolgedessen/daher)
Sie ist, wie gewöhnlich (wie sonst [auch]), um halb vier weggegangen (ausgegangen). Folglich (Infolgedessen/Daher) muss sie gegen drei Uhr noch zu Hause gewesen sein (*wörtl.: musste sie ... sein*).

im Vergleich zu etwas (im Verhältnis zu etwas / verglichen mit etwas)
Der Tabakverbrauch (Tabakkonsum) auf der Welt ist im Vergleich zum Vorjahr (vorhergehenden Jahr) um 3,5 % (drei Komma fünf Prozent) gestiegen (gesunken/zurückgegangen).

porter sur qc . . . .
  Le gouvernement a adopté une loi portant sur (qui porte sur) une obligation de visa pour les ressortissants albanais.

prendre des mesures visant (qui visent) à qc . . . . .
  Le Conseil des ministres a pris une série de mesures visant (qui visent) à l'amélioration de la sécurité routière.

prendre qc en considération . . . .
  L'entreprise refuse totalement de prendre en considération les mauvaises conditions de travail.

prendre en considération que . . . .
  Il faut prendre en considération qu'il s'agit d'un travail extrêmement pénible.

remonter aux causes [de qc] . . . .
  En règle générale, on ne peut pas supprimer les effets sans remonter aux causes.

..., selon le cas. . . . .
  Nous ne nous voyons qu'une ou deux fois par semaine, selon le cas.

sich beziehen auf etwas (etwas betreffen / gehen um etwas bei etwas)

Die Regierung hat ein Gesetz verabschiedet, bei dem es um einen Visumzwang für albanische Staatsangehörige geht (das einen Visumzwang für albanische Staatsangehörige betrifft).

Maßnahmen ergreifen, die abzielen auf etwas

Der Ministerrat hat eine Reihe von Maßnahmen ergriffen, die auf eine Erhöhung (*wörtl.: Verbesserung*) der Verkehrssicherheit abzielen.

etwas berücksichtigen / etwas in Betracht (Erwägung) ziehen

Das Unternehmen (Die Firma) lehnt es entschieden (glatt) ab, die schlechten Arbeitsbedingungen zu berücksichtigen.

berücksichtigen, dass (in Betracht ziehen, dass)

Man muss berücksichtigen, dass es sich um eine äußerst mühsame Arbeit handelt.

den Ursachen [von etwas] nachgehen (die Ursachen [von etwas] aufspüren)

In der Regel (Im Allgemeinen) kann man nicht die Folgen (Wirkungen/Auswirkungen) beseitigen, ohne den Ursachen nachzugehen (die Ursachen aufzuspüren).

..., je nachdem.

Wir sehen (treffen) uns nur ein- oder zweimal in der Woche (pro Woche / jede Woche), je nachdem.

signaler à qn que / faire remarquer à qn que . . . . .
Je vous signale (Je vous fais remarquer) que c'est de l'énergie dépensée en pure perte.

sous prétexte que . . . .
Elle n'a rien voulu préciser, sous prétexte qu'elle avait promis le secret.

Supposons que (...) (+ *subj.*) . . . .
Supposons que tes (vos) inquiétudes soient fondées – et après!

surmonter une difficulté . . . .
C'est un premier pas pour surmonter les difficultés.

Théoriquement (...) . . . .
Théoriquement l'offre correspond à la demande, mais la réalité est beaucoup plus complexe.

tirer qc au clair / tirer au clair si (qui, quand, où, pourquoi, etc.) . . . .
Je ne suis pas encore arrivé(e) (Je n'ai pas encore réussi) à tirer au clair la cause de la panne.

vouloir dire par qc / vouloir dire par là ... .
Que voulez-vous dire par là? – Je veux dire par là que nous sommes nettement défavorisé(e)s.

jdn. darauf hinweisen, dass
Ich weise Sie darauf hin, dass das sinnlos vergeudete (verschwendete/verpulverte) Energie ist. (*wörtl.:* ... *Energie aufgewandt als reiner Verlust ist.*)

unter dem Vorwand, dass
Sie hat nichts Genaueres sagen wollen unter dem Vorwand, dass sie versprochen hätte, nichts zu sagen (verraten).

Angenommen, ... (Nehmen wir [einmal] an, ...)
Angenommen (Nehmen wir [einmal] an), deine (Ihre) Sorgen sind begründet – na und (na wenn schon)!

eine Schwierigkeit überwinden
Das ist ein erster Schritt, um die Schwierigkeiten zu überwinden.

Theoretisch ...
Theoretisch entspricht das Angebot der Nachfrage, aber die Realität ist viel komplexer.

etwas klären (aufklären) / klären (aufklären), ob (wer, wann, wo, warum, usw.)
Es ist mir noch nicht gelungen, die Ursache der Panne zu klären.

meinen mit etwas / damit meinen
Was meinen Sie damit? – Ich meine damit, dass wir eindeutig benachteiligt sind.

Formulierungen zum organisatorischen Ablauf von Konferenzen und Sitzungen

le président (la présidente) d'un congrès / d'une assemblée (d'une réunion) / d'une conférence / d'une séance	der Vorsitzende/Leiter (die Vorsitzende/Leiterin) eines Kongresses (einer Tagung) / einer Versammlung / einer Konferenz / einer Sitzung
les participants (les participantes) d'un congrès / ...	die Teilnehmer (die Teilnehmerinnen) eines Kongresses / ...
les délégué(e)s	die Delegierten
participer à un congrès / ...	an einem Kongress / ... teilnehmen
convoquer une assemblée (une réunion) / une conférence / une séance pour 9.00 h (neuf heures)	eine Versammlung / eine Konferenz / eine Sitzung für neun Uhr einberufen

---

ouvrir le congrès / ...	den Kongress / ... eröffnen
avoir atteint le quorum / être en nombre suffisant [pour voter]	beschlussfähig sein

un point [de (figurant à) l'ordre du jour]	ein Punkt [der Tagesordnung] / ein Tagesordnungspunkt
figurer à l'ordre du jour	auf der Tagesordnung stehen
inscrire un point à l'ordre du jour	einen Punkt auf die Tagesordnung setzen
rayer un point de l'ordre du jour	einen Punkt von der Tagesordnung streichen
adopter l'ordre du jour	die Tagesordnung annehmen
Passons au point 5 (à la discussion du point 5) de l'ordre du jour.	wir kommen[jetzt/nun] zu (Kommen wir [jetzt/nun] zu) Punkt 5 der Tagesordnung. / Gehen wir [jetzt/nun] zu Punkt 5 der Tagesordnung über.
rédiger le procès-verbal	das Protokoll führen
inscrire qc au procès-verbal	etwas in das Protokoll aufnehmen
donner lecture du procès-verbal	das Protokoll verlesen
poser une question concernant le (au sujet du) règlement	eine Frage zur Geschäftsordnung stellen

observer le règlement	die Geschäftsordnung einhalten
faire objection / formuler (élever) une objection à la façon de procéder	einen Einwand gegen die Verfahrensweise erheben
accepter une objection	einem Einwand stattgeben
rejeter (repousser) une objection	einen Einwand zurückweisen
ajourner la conférence (la séance) à la semaine prochaine (d'une semaine)	die Konferenz (die Sitzung) auf die nächste Woche vertagen
lever (terminer) la séance	die Sitzung aufheben (schließen)
terminer le congrès / …	den Kongress / … schließen

---

demander que qc soit fait(e)	beantragen, dass etwas getan wird
déposer (présenter) une motion (une motion d'ordre)	einen Antrag (einen Antrag zur Geschäftsordnung) stellen (einbringen)

adopter une motion	einen Antrag annehmen
rejeter (repousser) une motion	einen Antrag ablehnen
participer à (prendre part à) une discussion	sich an einer Diskussion beteiligen
lever la main / demander la parole	die Hand heben (sich zu Wort melden) / um das (ums) Wort bitten
prendre la parole	das Wort ergreifen
donner la parole à qn	jdm. das Wort erteilen
retirer la parole à qn	jdm. das Wort entziehen
tenir une liste des orateurs	eine Rednerliste führen
être pour (contre) une motion	für (gegen) einen Antrag sein
voter [une motion]	abstimmen [über einen Antrag]
faire voter [qc]	abstimmen lassen [über etwas]
voter cela	darüber abstimmen
voter pour (contre) qc (qn)	für (gegen) etwas (jdn.) stimmen

voter pour / voter contre	dafür stimmen / dagegen stimmen
voter au scrutin secret	in geheimer Wahl abstimmen
voter par appel nominal	namentlich abstimmen
être prêt(e) au vote (au scrutin / à voter)	zur Abstimmung bereit sein
décider d'une motion	über einen Antrag entscheiden
s'abstenir [de voter]	sich der Stimme enthalten
donner sa voix (son vote / son suffrage)	seine Stimme abgeben
15 voix (votes/suffrages) pour, 12 contre et 7 abstentions	15 Stimmen dafür, 12 dagegen und 7 Enthaltungen
compter les voix (votes/suffrages)	die Stimmen zählen
La motion est (a été) adoptée [à l'unanimité].	Der Antrag ist [einstimmig] angenommen.
La motion est (a été) rejetée (repoussée) [par 23 voix contre 12].	Der Antrag ist [mit 23 zu 12 Stimmen] abgelehnt.
Le vote (Le scrutin) a abouti à une parité des voix.	Die Abstimmung hat Stimmengleichheit ergeben.

demander un nouveau dépouillement [des votes / du scrutin]	eine nochmalige Zählung (Auszählung) [der Stimmen] verlangen
voter encore une fois (une deuxième/seconde fois)	noch einmal abstimmen
adopter une résolution [à l'unanimité]	[einstimmig] einen Beschluss fassen / eine Resolution verabschieden

Register der deutschen Übersetzungen

Das Register erfasst nur die fett gedruckten Diskussionswendungen, nicht aber das Sprachmaterial aus den Anwendungsbeispielen und die *Formulierungen zum organisatorischen Ablauf von Konferenzen und Sitzungen.*

A

abgeben: seine Meinung ~ 29; ein Urteil ~ über etwas (jdn.) 85
abgesehen: ~ davon 107; ~ von 55
abhandeln: etwas summarisch (knapp/gedrängt) ~ 27
abhängen von etwas 111
abschließend: ~ möchte ich Folgendes sagen (feststellen) 99
Abschluss: Zum ~ möchte ich Folgendes sagen (feststellen) 99
Acht: Man darf nicht außer ~ lassen, dass ... 43
Ahnung: Ich habe keine ~ 43
alles in allem: 49, 101
allgemein: im Allgemeinen 51; Man kann ganz ~ sagen, dass ... 85
als erstes: 17
anbelangen: was ... anbelangt 113; Was die Medizin (die Psychologie usw.) anbelangt, ... 19
Anbetracht: in ~ einer Sache 113; in ~ der gegenwärtigen wirtschaftlichen (politischen, sozialen, usw.) Probleme 117
anbieten: keine Lösung für etwas anzubieten haben 69
anderes: Das ist etwas [ganz] ~ 109
anders gesagt (ausgedrückt): 99
anfangen: Fangen wir [einmal] mit etwas an / Fangen wir [einmal] damit an, etwas zu tun 17; ... fängt (fangen) jetzt erst richtig an 45
anführen: Um nur ein Beispiel anzuführen: ... 45
angehen: Das geht dich (Sie) nichts an 107; jdn. [etwas] ~ 109; was ... angeht 113; Was die Medizin (die Psychologie usw.) angeht, ... 19
Angelegenheit: Das ist meine ~ 109
angenommen: 125
angesichts: ~ einer Sache 113; ~ der gegenwärtigen wirtschaftlichen (politischen, sozialen, usw.) Probleme 117
anhalten: Wenn die gegenwärtige Tendenz anhält, ... 87
ankommen: Das (Es) kommt darauf an 49
Annahme (Vermutung): eine ~ bestätigen 61
annehmen: Nehmen wir [einmal] an, ... 125
Ansicht: nach meiner ~ (meiner ~ nach) 29; der ~ sein, dass 31; [genau] der gleichen ~ sein wie jd. [in diesem Punkt] 31; Ich bin der ~ , dass ... 33 (2), 35; Ich vertrete die ~ , dass ... 35
Ansichtssache: Das ist ~ 29
ansprechen: ein Problem (eine Frage) ~ 15
Argument: ein ~ vorbringen 17, 23; ein ~ widerlegen 23
Aspekt: unter diesem ~ 17; neue (keine neuen) Aspekte für etwas bringen (erbringen) 69
auffallen: Was mir besonders (vor

allem) auffällt (aufgefallen ist), ist [die Tatsache], dass ... 41; Mir ist aufgefallen, dass jd. etwas große Bedeutung beimisst 67
Auffassung: nach meiner ~ (meiner ~ nach) 29
aufklären: etwas ~ 125; ~, ob (wer, wann, wo, usw.) 125
Aufmerksamkeit: jds. ~ lenken auf etwas 15
aufseiten jds. stehen: 117
aufspüren: die Ursachen [von etwas] ~ 123
aufwerfen: ein Problem ~ 71
ausdrücken: anders ausgedrückt 99; Ich weiß nicht, ob ich mich richtig (klar [genug]) ausgedrückt habe: Was ich sagen wollte ist, dass ... 21
ausdrücklich: 41
auslösen: eine Diskussion (eine Krise, einen Streik, einen Krieg, usw.) ~ 63
Ausnahme: eine (keine) ~ bilden 117; Die ~ bestätigt die Regel 119
Aussage: nach [der] ~ jds. (von jdm.) 49
außer: 55
äußern: seine Meinung ~ 29
aussprechen: sich gegen (für) etwas (jdn.) ~ 37

B

bedenken: Es ist [auch] zu ~, dass ... 39; Man muss (Wir müssen) [jedoch] ~, dass ... 53; Aber bedenke (bedenken Sie) bitte Folgendes: ... 43
bedeuten: Das bedeutet praktisch (letztlich / letzten Endes), dass ... 79; Im Klartext bedeutet das, dass ... 19
Bedeutung: einer Sache große ~ beimessen 39; einer Sache mehr

(ebensoviel) ~ beimessen als (wie) einer [anderen] Sache 39; Mir ist aufgefallen, dass jd. etwas große Bedeutung beimisst 67; eine besondere ~ gewinnen / von besonderer ~ sein 47
Bedingung: unter der ~, dass 105; unter diesen Bedingungen 109
behandeln: etwas summarisch (knapp/gedrängt) ~ 27
behaupten: [In der Tat / Im Gegenteil] ~, dass ... 47
Behauptung: Ich möchte mich [besonders] gegen die ~ wenden, dass ... / Ich möchte [besonders] gegen die ~ protestieren, dass ... 21
beimessen: einer Sache große Bedeutung ~ 39; einer Sache mehr (ebensoviel) Bedeutung ~ als (wie) einer [anderen] Sache 39; Mir ist aufgefallen, dass jd. etwas große Bedeutung beimisst 67
beiseite lassen: etwas ~ 21
Beispiel: Man könnte die Beispiele [noch] beliebig vermehren / Man könnte noch viele [weitere] Beispiele bringen (anführen) 45; Um nur ein ~ anzuführen (zu nennen): ... 45
Bereich: im ~ der Politik (der Technik, der Kunst, des Jazz, usw.) / in diesem ~ 19
berücksichtigen: etwas ~ 123; ~, dass ... 123
besonders: 47
besser werden: 73
bestehen: Das Hauptziel [einer Sache] muss (sollte) darin ~, etwas zu tun 83
beteiligen: sich ~ an etwas 71
betonen: Es ist [auch] zu betonen, dass ... 39; Ich möchte ~, dass ... 21; etwas ~ 45
Betracht: etwas in ~ ziehen 123; in ~ ziehen, dass ... 123

Register der deutschen Übersetzungen 135

betrachten: betrachtet werden als 51
betreffen: jdn. ~ 109; was ... betrifft 113; Was die Medizin (Psychologie usw.) betrifft, ... 19; [unmittelbar] betroffen sein von etwas 117; etwas ~ 123
Bewegung: Himmel und Hölle (alle Hebel) in ~ setzen, um etwas zu tun 47
bewusst: sich einer Sache [nicht] ~ sein 69; sich einer Sache ~ werden 71; sich der Tatsache ~ werden, dass ... 71
beziehen: sich ~ auf etwas 123
Beziehung: in dieser ~ 105
bezüglich des (der): 105
bilden: sich eine Meinung ~ [über etwas/jdn.] 37; sich ein [endgültiges] Urteil ~ über etwas (jdn.) 87
bis auf (= außer): 55
Blick: Auf den ersten ~ ... 77
Blickwinkel: aus diesem ~ betrachtet 17
bringen: ein Problem mit sich ~ 71

D

dafür (= dagegen/hingegen): 93
dafür (für etwas) sein: 31
dagegen: 93; ~ (gegen etwas) sein 31; nichts ~ haben 35
daher (= deshalb): 61, 121
darlegen: [jdm.] das Problem (die Gründe, den Sachverhalt, usw.) ~ 19
darüber: 105
dasselbe: Ich wollte [gerade] genau ~ sagen 21
denken: Daran habe ich noch nie gedacht 109; zu ~ geben 113
dennoch: 119
deshalb: 61
dessen ungeachtet: 119

Detail: ins Detail gehen 115
deutlich: Um es ganz ~ zu sagen: ... 19; etwas ~ werden lassen 63; Man muss es einmal ganz klar [und ~] sagen / Es muss einmal ganz klar [und ~] gesagt werden: ... 43
diesbezüglich: 105
Ding: den Dingen auf den Grund gehen 15; So wie die Dinge [zur Zeit / im Augenblick] liegen (stehen), ist nichts zu machen 59; Es ist besser, die Dinge beim Namen zu nennen 31

E

eher: Ich würde ~ sagen, dass ... 31
ehrlich gesagt: 29
eigentlich: 95
Eindruck: Ich habe den ~, dass ... 53; nicht [gerade] den ~ machen, als ob jd. etwas tut (ist) 83
einerseits ... , andererseits: 89
einfach: Nichts ist [in der Tat] einfacher, als etwas zu tun 47
Einfluss: einen [großen/gewissen] ~ ausüben auf etwas (jdn.) 63
eingehen: auf ein Problem (eine Frage) ~ 15
Einspruch erheben: Ich möchte [besonders] gegen die Behauptung ~ erheben, dass ... 21
Einstellung: eine Einstellung zu etwas (zu jdm.) 29
einteilen lassen: sich ~ in etwas 25
einwenden: nichts einzuwenden haben gegen etwas 121
Einzelheit: in die Einzelheiten gehen / auf Einzelheiten eingehen 115
einzeln: ins Einzelne gehen 115
einzig: der (die) Einzige sein, der

(die) etwas tut 41; [nicht] der (die) Einzige sein, der (die) glaubt, dass ... 85
empfehlen: Es empfiehlt sich, etwas [nicht] zu tun 81
entsinnen: Soweit ich mich entsinne, ... 49; ..., wenn ich mich recht entsinne 57
entsprechen: einer Sache ~ 115
Erfahrung: etwas aus ~ wissen 85
ergeben: sich ~ aus etwas 73
ergreifen: Maßnahmen ~, die abzielen auf etwas 123
erheben: eine Frage erhebt sich 23; Ein Problem (Eine Frage) / Folgendes Problem (Folgende Frage) erhebt sich [also] [für jdn.]: ... 27
erinnern: ..., wenn ich mich recht erinnere 57
Erklärung: Die ~ [dafür] liegt [wahrscheinlich/zweifellos] in der Tatsache [begründet], dass ... 67
ernst: etwas (jdn.) ~ nehmen 85
Erwägung: etwas in ~ ziehen 123
erwarten: Wie zu ~ war, ... 95
erweisen: sich ~ als etwas 73; sich ~, dass ... 73

F

Faden: Ich habe den ~ verloren *(beim Sprechen, Überlegen, usw.)* 97
Fall: in dem (diesem) ~ 111; im vorliegenden ~ 111; in dem ~, der (in einem ~ wie dem, der) uns [hier] beschäftigt 17; auf jeden ~ 97; der ~ sein 63; Nehmen wir [zum Beispiel / beispielsweise] [einmal] den ~ des (der) ... 23
fallen: ~ um ... % (Prozent) 59
festhalten: Es muss [jedoch] festgehalten werden, dass ... 53

feststehen: Es steht fest, dass ... 65 (2); Jedenfalls steht fest, dass ... 75; Eins steht fest: ... 47
feststellen: Wenn man [einmal] genauer (näher) hinsieht, kann man (wird man) ~ (konstatieren), dass ... 79; Was ich persönlich feststelle (feststellen kann) ist [die Tatsache], dass ... 79; Es ist interessant festzustellen, dass ... 41; Es muss [jedoch] festgestellt werden, dass ... 53
finden: Ich finde, dass ... / etwas gut (interessant, langweilig, ungerecht, usw.) ~ 33
folgen aus etwas: 73
folglich: 121
Frage: eine ~ ansprechen 15; auf eine ~ eingehen (zu sprechen kommen) 15; Das ist eine (keine) ~ von allgemeinem Interesse 17; eine ~ erhebt sich (stellt sich) 23; etwas in ~ stellen 85; Jetzt bleibt nur noch die ~ offen, ob (wer, wann, wo, warum, usw.) ... 23; Eine ~ bleibt noch offen: ... / Bleibt noch eine ~: ... 25; Eine ~ (Folgende ~) erhebt sich [also] [für jdn.]: ... 27
fragen: Es fragt sich nur, ob (wer, wann, wo, warum, usw.) ... 119; Jetzt fragt sich nur noch (Es fragt sich nur), ob (wer, wann, wo, warum, usw.) ... 23
führen: ~ zu etwas 107

G

ganz: als Ganzes gesehen 99; im [Großen und] Ganzen 49; im Ganzen gesehen 101; ~ und gar nicht 43
geben: zu denken ~ 113

Gebiet: auf dem ~ der Politik (der Technik, der Kunst, des Jazz, usw.) ~ auf diesem ~ 19
gedrängt: etwas ~ behandeln (abhandeln) 27
Gegensatz: im ~ zu etwas (jdm.) 89; im ~ zu dem, was du denkst (er denkt usw.) / du sagst (er sagt usw.) 89; im [völligen] ~ stehen zu etwas 91
Gegenseitigkeit: Das beruht auf ~ 61
Gegenteil: [ganz] im ~ 89; [im ~] behaupten, dass ... 47
gegenwärtig: 107; Wenn die gegenwärtige Tendenz anhält, ... 87
gehen: [sogar] so weit ~ zu sagen (behaupten, schreiben, usw.), dass ... 39; es geht (ging) darum, etwas zu tun 65, 119; es geht (ging) um etwas (jdm.) 65, 119; Es geht hier nicht darum, etwas zu tun 53; ~ um etwas bei etwas 123
gelten: ~ als 51; Das Gleiche gilt [übrigens] für etwas (jdn.) ... 65
gemeinsam: etwas ~ haben 69
genau genommen: 95
genauso: ~ ist es [übrigens] bei etwas (jdm.) 65; [Ganz] ~ verhält es sich mit ... 63
gesehen: politisch (juristisch, wissenschaftlich, usw.) ~ 25
Gesichtspunkt: neue (keine neuen) Gesichtspunkte für etwas bringen (erbringen) 69
gewissermaßen: 51
glauben: Ich glaube, dass ... 33; Ich persönlich glaube, dass ... 33; ...wenn man den Meinungsumfragen (den Zeitungen, den Gerüchten, usw.) ~ darf 57
Glauben schenken: ... wenn man den Meinungsumfragen (den Zeitungen, den Gerüchten, usw.) ~ darf 57

gleich: Das Gleiche gilt [übrigens] für etwas (jdn.) 65; Ich wollte [gerade] genau das Gleiche sagen 21
gleichen: sich ~ in etwas 59
gliedern: sich ~ in etwas 25
Grenzfall: Das ist ein ~ 61
groß: im [Großen und] Ganzen 49
grün: grünes Licht geben für etwas 63
Grund: den Dingen (der Sache) auf den ~ gehen 15; im Grunde [genommen] 59; aus diesem ~ 61; Es stimmt zwar, dass ... , aber im Grunde [genommen] ... 53; der tiefere ~ für etwas / die tieferen Gründe für etwas 67
Grundgedanke: der ~ des (der) 121

H

haben: nichts ~ gegen etwas (jdn.) 35; nichts mit etwas (jdm.) zu tun ~ 69
halten zu jdm.: 117
Haltung: eine ~ gegenüber etwas (jdm.) 29
Hand: Es liegt auf der ~ , dass ... 65
handeln: Es handelt sich um etwas (jdn.) 119
Handlungsweise: durch diese ~ 113
Hauptsache: Das ist die ~ 81; Die ~ ist, dass ... 83
Hauptziel: Mein (Sein, Unser, usw.) ~ ist [es] (besteht darin), etwas zu tun 67; Das ~ [einer Sache] muss (sollte) darin bestehen, etwas zu tun 83
Hebel: alle ~ in Bewegung setzen, um etwas zu tun 47
heißen: ... , das heißt, [dass] ... 109; Im Klartext heißt das, dass ... 19

herauskristallisieren: sich ~ aus etwas 73
herausstellen: sich ~ , dass ... 73
hervorgehen: ~ aus etwas 73 (2)
hervorheben: Ich möchte hervorheben, dass ... 21; etwas ~ 45
hierüber: 105
Himmel: ~ und Hölle in Bewegung setzen, um etwas zu tun 47
hinauslaufen auf etwas: Das läuft praktisch (letztlich / letzten Endes) darauf hinaus, dass ... 79; Das läuft (kommt) auf dasselbe (das Gleiche) hinaus 107
hinauswollen auf etwas: Worauf willst du (wollen Sie) hinaus? 121
hingegen: 93
hinsehen: Wenn man [einmal] genauer (näher) hinsieht, kann man (wird man) feststellen (konstatieren), dass ... 79
Hinsicht: in dieser ~ 105; in gewisser ~ 51; in politischer (juristischer, wissenschaftlicher, usw.) ~ 25
hinsichtlich des (der) : 105
hinweisen: Es ist [auch] darauf hinzuweisen, dass ... 39 (2); mit Nachdruck ~ auf etwas 45; jdn. darauf ~ , dass ... 125
Hölle: Himmel und ~ in Bewegung setzen, um etwas zu tun 47
hören: Wenn man Sie (dich) [so] [reden] hört, ... 15; soweit ich gehört habe 51; Ich habe gehört, dass ... 53
Hypothese: eine ~ vorbringen 17; eine ~ bestätigen 61

I

Idee: Auf die ~ bin ich noch nie gekommen 109
im Allgemeinen: 51

im Klartext: (= um es ganz deutlich zu sagen): 19
in Anbetracht: ~ einer Sache 113; ~ der gegenwärtigen wirtschaftlichen (politischen, sozialen, usw.) Probleme 117
infolgedessen: 121
insgesamt: 49
Interesse: Das ist eine (keine Frage) von allgemeinem ~ 17
irgendwie (= gewissermaßen): 51
irren: ..., wenn ich mich nicht irre 57

J

je nachdem: 49, 123
jedenfalls: 97 (2); ~ steht fest, dass ... 75
jeder dritte (vierte, fünfte, usw.) Mensch: 75

K

keineswegs: 43
Kind: Es ist besser, das ~ beim Namen zu nennen 31
klar: Es ist ~ , dass ... 65; Man muss es einmal ganz ~ [und deutlich] sagen / Es muss einmal ganz ~ [und deutlich] gesagt werden: ... 43
klären: etwas ~ 125; ~ , ob (wer, wann, wo, warum, usw.) 125
klarmachen: sich etwas ~ 75
klarstellen: Ich möchte ~ , dass ... 21
Klartext: im ~ (= um es ganz deutlich zu sagen) 19; Im ~ bedeutet (heißt) das, dass ... 19
knapp: etwas ~ behandeln (abhandeln) 27
kommen: Zu dem Problem des (der) ... kommt [noch] das

[Problem] des (der) ... 41; ~ wir [nun/jetzt] zu etwas 23
komplizieren: die Dinge [unnötig] ~ (komplizert machen) 109
komplizert machen: die Dinge [unnötig] ~ (komplizieren) 109
konstatieren: Wenn man [einmal] genauer (näher) hinsieht, kann man (wird man) feststellen (~), dass ... 79
konzentrieren: ~ wir uns einmal auf die Fakten (Tatsachen) 15
kurzum (kurz und gut): 99

L

Lehre: Die ~ , die man daraus ziehen sollte [ist die]: ... 83
leicht: etwas ~ nehmen / etwas auf die leichte Schulter nehmen 85
Leitgedanke: der ~ des (der) 121
leugnen: Es lässt sich nicht ~ : ... 41
Licht: grünes ~ geben für etwas 63
Lied (Liedchen): Ich kann ein ~ davon singen 119
liegen: Das liegt [wahrscheinlich/nur] an etwas (jdm.) / Das liegt nicht [liegt wahrscheinlich nicht / liegt nicht nur] an etwas (jdm.) 81
lösen: ein Problem ~ 71
Lösung: eine [zufriedenstellende] ~ für ein Problem suchen (finden) 61; Die einfachste ~ [ist die]: ... 83; keine ~ für etwas anzubieten haben 69

M

Maßnahme: Maßnahmen ergreifen, die abzielen auf etwas 123
meinen: ~ mit etwas 115; Ich mei-

ne, dass ... 33; ~ mit etwas / damit ~ 125
meines Wissens: 49 (2)
Meinung: nach meiner ~ (meiner ~ nach) 29; seine ~ ändern 29; seine ~ abgeben (äußern/sagen/vorbringen) 29; der ~ sein, dass ... 31; [genau] der gleichen ~ sein wie jd. [in diesem Punkt] 31; Ich bin der ~ , dass ... 33, 33; Ich bin[ganz/völlig] deiner (Ihrer) ~ / Ich bin nicht (keineswegs / durchaus nicht) deiner (Ihrer) ~ 33; Ich bin der ~, dass ... / Ich vertrete die ~ , dass ... / Meine ~ ist [die], dass ... 35; eine ~ über (zu) etwas 35; eine vorgefasste ~ 35; eine ~ teilen 35; sich eine ~ bilden [über etwas/jdn.] 37

N

nach (= zufolge): 55
nachdenken: Wenn man [einmal] richtig darüber nachdenkt, muss man sagen, dass ... 77
nachdenklich stimmen: 113
Nachdruck: mit ~ hinweisen auf etwas 45
nachgehen: den Ursachen [von etwas] ~ 123
Name: Es ist besser, die Dinge (das Kind) beim Namen zu nennen 31
nebenbei bemerkt (gesagt): 97
nehmen: ~ wir [zum Beispiel / beispielsweise] [einmal] den Fall des (der) ... 23
neigen: dazu ~ , etwas zu tun 79
nennen: Um nur ein Beispiel zu ~ : ... 45
nützen: Was nützt das (es) [schon], etwas zu tun? 77; Es nützt nichts, etwas zu tun 61

O

offen: ~ gesagt (gestanden) 29; um es [ganz] ~ zu sagen 45

offen bleiben: Jetzt bleibt nur noch die Frage offen, ob (wer, wann, wo, warum, usw.) ... 23; Eine Frage bleibt noch offen: ... 25

offensichtlich: ganz ~ 111

P

paradox: Das Paradoxe an der Situation ist, dass ... 91

persönlich: Ich ~ glaube, dass ... 33

praktisch: Das bedeutet ~ (letztlich / letzten Endes), dass ... 79; ~ (= in der Praxis) 89

Praxis: in der ~ 89; etwas in die ~ umsetzen 121

Priorität: Man muss Prioritäten setzen 21

Privatangelegenheit: Das ist meine ~ 109

Problem: ein Problem ansprechen 15; auf ein ~ eingehen (zu sprechen kommen) 15; eine [zufriedenstellende] Lösung für ein ~ suchen (finden) 61; Zu dem ~ des (der) ... kommt (tritt) [noch] das [~] des (der) ... 41; [jdm.] das ~ darlegen 19; angesichts (in Anbetracht) der gegenwärtigen wirtschaftlichen (politischen, sozialen, usw.) Probleme 117; ein ~ aufwerfen (mit sich bringen) 71; ein ~ lösen 71; Ein ~ [Folgendes ~] erhebt sich [also] [für jdn.]: ... 27

protestieren: Ich möchte [besonders] gegen die Behauptung ~ , dass ... 21

Punkt: [Hier] noch ein wichtiger ~ : ... 45

R

ratsam: Es ist ~ , etwas [nicht] zu tun 81

realisieren: etwas ~ 121

Recht: mit (zu) ~ 77

Recht geben: Da gebe ich Ihnen (dir) [allerdings] ~ / Da muss ich Ihnen (dir) [allerdings] ~ geben 17

Recht haben: Da hast du (haben Sie) Recht 83; Du hast (Sie haben) [völlig] Recht, wenn du sagst (Sie sagen), dass ... 37

Rede: die ~ ist (war) von etwas (jdm.) 65

reden: Wenn man Sie (dich) [so] ~ hört, ... 15

Regel: in der ~ 51; Die Ausnahme bestätigt die ~ 119

reichen: ~ von etwas bis [hin] zu etwas *(bildlich)* 59

resultieren: ~ aus etwas 73

richtig: teilweise (zum Teil) ~ sein 81; ... fängt (fangen) jetzt erst ~ an 45

Rolle: eine wichtige ~ spielen in (bei) etwas 81

S

Sache: der ~ auf den Grund gehen 15

sagen: Wenn man [einmal] richtig darüber nachdenkt, muss man ~ , dass .. 77; anders gesagt 99; Wie gesagt / Wie ich [dir/Ihnen] schon gesagt habe, ... 95; Wie du sagst / Wie Sie ~ , ... 95; wie soll ich ~ ? 95; Nach dem, was man (er/sie) mir gesagt hat, ... / Wie man (er/sie) mir gesagt hat, ... / Wie man [allgemein] sagt, ... 51; seine Meinung ~ 29; [Also], ~ wir mal: ... *(als Satzeinleitung)* 97; ~ wir mal *(als*

Einschub) 95; Um es ganz deutlich zu ~ : ... 19; Zusammenfassend kann man ~, dass ... 101; ~ wollen mit etwas 115; Man muss es einmal ganz klar [und deutlich] ~ / Es muss einmal ganz klar [und deutlich] gesagt werden 43; Ich würde eher ~ , dass ... 31; Ich wollte [gerade] genau das Gleiche (dasselbe) ~ 21; Ich weiß nicht, ob ich mich richtig (klar [genug]) ausgedrückt habe: Was ich ~ wollte ist, dass ... 21; Ich will dir (Ihnen) mal was (einmal etwas) ~ 119; wenn ich [einmal/mal] so ~ darf 97; Du hast (Sie haben) [völlig] Recht (Unrecht), wenn du sagst (Sie sagen), dass ...37

Schein: Der ~ trügt 91

scheuen: den Vergleich mit etwas [wirklich] nicht zu ~ brauchen 93

schlechter werden: 73

schließen: Ich muss (Wir müssen) ~ *(z. B.: bei einer Rede, Diskussion, Sitzung)* 101; Man kann daraus ~ , dass ... 69; Alles lässt darauf ~ , dass ... 87

Schluss: Ich muss (Wir müssen) zum ~ kommen *(z. B.: bei einer Rede, Diskussion, Sitzung)* 101; Man muss (Wir müssen) [endlich / endlich einmal] ~ machen mit etwas 101; Um zum ~ zu kommen: ... 101; einen ~ ziehen aus etwas 27

Schlussfolgerung: eine ~ ziehen aus etwas 27

Schulter: etwas auf die leichte ~ nehmen 85

Schwierigkeit: eine ~ überwinden 125

sehen: Wie ich sehe, ... 59; Als Ganzes gesehen ... 99; von den Arbeitgebern (Arbeitnehmern, Engländern, usw.) her gesehen / von daher gesehen 113

Seite: auf der ~ jds. stehen 117

Selbstzweck: zum ~ werden 111

Sicht: aus der ~ der Arbeitgeber (Arbeitnehmer, Engländer, usw.) / aus dieser ~ 113

singen: Ich kann ein Lied (Liedchen) davon ~ 119

sinken: ~ um ... % (Prozent) 59

Sinn: in gewissem Sinne 51

Situation: Das Paradoxe (Widersinnige) an der ~ ist, dass ... 91

skizzieren: etwas ~ 101

sofern: 105

sonst (= abgesehen davon): 107

soviel: ~ ich weiß 49

soweit: ~ ich mich entsinne 49; ~ bekannt ist 55; ~ ich verstanden (gehört) habe 51

sozusagen: 55

Spiel: auf dem ~ stehen 117

spielen: eine wichtige Rolle ~ in (bei) etwas 81

sprechen: auf ein Problem (eine Frage) zu ~ kommen 15; noch [einmal] zu ~ kommen auf etwas 25

Standpunkt: vom ~ der Arbeitgeber (Arbeitnehmer, Engländer, usw.) [aus] / von diesem ~ aus 113

stehen: auf dem Spiel ~ 117

steigen: ~ um ... % (Prozent) 59

Stein: Das ist ein Tropfen auf den heißen ~ 61

Stelle: Wenn ich an deiner (Ihrer) ~ wäre, würde ich etwas tun 37

stellen: eine Frage stellt sich 23; etwas in Frage ~ 85

stimmen: nachdenklich ~ 113; Es stimmt zwar, dass ..., aber im Grunde [genommen] ... 53

streng genommen: 95

summa summarum: 101
summarisch: etwas ~ behandeln (abhandeln) 27

T

Tat: etwas in die ~ umsetzen 121; [in der Tat] behaupten, dass ... 47
Tatsache: Die Erklärung [dafür] liegt [wahrscheinlich/zweifellos] in der ~ [begründet], dass ... 67; sich der ~ bewusst werden, dass ... 71
Teil: zum ~ 115; zum ~ wahr (richtig) sein 81; ich für meinen ~ 35
teilen: eine Meinung ~ 35
teilnehmen an etwas: 71
teilweise: 115; ~ wahr (richtig) sein 81
Tendenz: Wenn die gegenwärtige ~ anhält, ... 87
theoretisch: 89, 125
Theorie: in der ~ 89
treten: Zu dem Problem des (der) ... tritt [noch] das [Problem] des (der) ... 41
Tropfen: Das ist ein ~ auf den heißen Stein 61
trotzdem: 119
trügen: Der Schein trügt 91
tun: es mit etwas (jdm.) zu ~ haben 107; Was uns jetzt noch zu ~ bleibt ist, etwas zu tun / Was wir jetzt noch ~ müssen ist, etwas zu tun 61; nichts mit etwas (jdm.) zu ~ haben 69
typisch für etwas (jdn.) sein: 117

U

Überblick: [jdm.] einen [kurzen] ~ geben [über etwas] 19
übergehen: Gehen wir [nun/jetzt] zu etwas über 23

überschätzen: etwas (jdn.) ~ 87
übersehen: Man darf nicht ~, dass ... 43
überwinden: eine Schwierigkeit ~ 125
überzeugt: Ich bin [fest] davon ~, dass ... 33
übrig lassen: [sehr] zu wünschen ~ 83
umgekehrt: und ~ 91
umreißen: etwas [kurz] umreißen ~ 101
Umstand: unter diesen Umständen 109
und so weiter (und so fort): 115
Unrecht: Da hast du (haben Sie) ~ 83; Du hast (Sie haben) [völlig] ~, wenn du sagst (Sie sagen), dass ... 37
unterschätzen: etwas (jdn.) ~ 87
unterscheiden: Man muss (Wir müssen) ~ zwischen ... und ... 91
unterstreichen: etwas ~ *(bildlich)* 63; Ich möchte ~, dass ... 77
unvereinbar sein mit etwas: 91
Ursache: den Ursachen [von etwas] nachgehen / die Ursachen [von etwas] aufspüren 123
Urteil: nach dem ~ von jdm. 49; ein ~ abgeben über etwas (jdn.) 85; sich ein [endgültiges] ~ bilden über etwas (jdn.) 87
urteilen: Nach etwas zu ~, ... 77

V

verbessern: sich ~ 73
verbunden: eng miteinander ~ sein 63
vergegenwärtigen: ~ wir uns [noch einmal] kurz ... 101
Vergleich: im ~ zu etwas 121; den ~ mit etwas [wirklich] nicht zu scheuen brauchen 93
verglichen mit etwas: 121

Register der deutschen Übersetzungen 143

Verhalten: durch dieses ~ 113
verhalten: [Ganz] genauso verhält es sich mit ... 63
Verhältnis: im ~ zu etwas 121
verknüpft: eng miteinander ~ sein 63
verlieren: Ich habe den Faden verloren *(beim Sprechen, Überlegen, usw.)* 97
vermehren: Man könnte die Beispiele [noch] beliebig ~ 45
Vermutung: eine ~ bestätigen 61
verschlechtern: sich ~ 73
verstehen: [Also,] ich verstehe überhaupt nichts mehr 39; Das versteht sich von selbst 107; soweit ich verstanden habe 51; ~ unter etwas 115; Es versteht sich von selbst, dass ... 67; ..., wenn ich recht (richtig) verstanden habe 55
vor allem: 47
vorausgesetzt, dass: 105
voraussehen: Es ist [schon jetzt] vorauszusehen, dass ... 81
vorbringen: seine Meinung ~ 29; ein Argument ~ 17, 23
vorgefasst: eine vorgefasste Meinung 35
vorhersehen: Es ist [schon jetzt] vorherzusehen, dass ... 81
vorstellen: Man kann sich kaum (nur schwer) ~ , was ... 45
Vorwand: unter dem ~ , dass ... 125

W

wahr: teilweise (zum Teil) ~ sein 81
Weg: Das ist gewiss (freilich/zwar) nicht der einfachste ~ , aber ... 79
Weise: auf diese ~ 111; in gewisser ~ 51;

weit: [sogar] so ~ gehen zu sagen (behaupten, schreiben, usw.), dass ... 39
weit gefehlt: 43
wenden: Ich möchte mich [besonders] gegen die Behauptung ~ , dass ... 21
wenn: ~ man Sie (dich) [so] [reden] hört / ~ man Ihnen (dir) [so] zuhört, ... 15; ~ man einmal richtig darüber nachdenkt, muss man sagen, dass ... 77; ~ man [einmal] genauer (näher) hinsieht, kann man (wird man) feststellen (konstatieren), dass ... 79
widerlegen: ein Argument ~ 23
widersinnig: das Widersinnige an der Situation ist, dass ... 91
Widerspruch: im [völligen] ~ stehen zu etwas 91
wie: ~ ich sehe, ... 59; ~ gesagt 95; ~ dem auch sei 97
Wirkung: eine positive (negative) ~ haben (ausüben) auf etwas (jdn.) 107
Wissen: meines Wissens 49 (2)
wissen: soviel ich weiß 49; Ich weiß es [wirklich] nicht 43; Ich weiß nicht, ob ich mich richtig (klar [genug]) ausgedrückt habe: Was ich sagen wollte ist, dass ... 21; Ich weiß sehr wohl, dass ... 43; Man kann nie ~ 55; Nicht dass ich wüsste 55; etwas aus Erfahrung ~ 85
wollen: Ich wollte [gerade] genau das Gleiche (dasselbe) sagen 21; Was willst du (wollen Sie) damit sagen? 23
Wort: mit anderen Worten 99; mit einem ~ 99
wozu: ~ etwas tun? 77
wünschen: [sehr] zu ~ übrig lassen 83

Z

Zeichen: Das ist ein gutes (schlechtes) ~ , 81
zeigen: sich ~ , dass ... 73
Zeit: zur ~ 107
ziehen: Die Lehre, die man daraus ~ sollte, [ist die]: ... 83; etwas in Betracht (Erwägung) ~ 123
Ziel: [Das] ~ [des (der) ...] ist (war) es, etwas zu tun 67
zuallererst: 17
zuerst: 17
zufolge: 55
zuhören: Wenn man Ihnen (dir) [so] zuhört, ... 15
zum Abschluss: ~ möchte ich Folgendes sagen (feststellen): ... 99
zum Teil: 115
zunächst: 17
zurückführen: zurückzuführen sein auf etwas 115
zurückkommen: noch [einmal] ~ auf etwas 25
zusammenfassen: Also fassen wir [noch einmal] kurz zusammen 99; Wenn man [noch einmal] kurz zusammenfasst, stellt man fest (sieht man), dass ... 103
zusammenfassen lassen: sich mit einer [einzigen] Formel (einem [einzigen] Wort / einem [einzigen] Satz) ~ 103
zusammenfassend: ~ kann man sagen, dass ... 101
Zweck: Es hat keinen ~ , etwas zu tun 61
zwecklos: Es ist ~ , etwas zu tun 61
Zweifel: Es steht außer ~ , dass ... / Es besteht kein ~ [daran], dass ... 65